高等职业教育新形态精品教材

视觉营销与美工

主 编 佘碧蓉 周持苙
副主编 许悦珊 周怡燕

VISUAL MERCHANDISING AND ART DESIGN

北京理工大学出版社
BEIJING INSTITUTE OF TECHNOLOGY PRESS

内容提要

本书共五篇：第一篇"电商视觉营销工具"，包括Photoshop在网店装修中的应用、Dreamweaver在网店装修中的应用；第二篇"电商视觉营销基础"，包括电商视觉营销概述、视觉色彩设计、视觉图形设计、字体设计、版式编排设计；第三篇"电商文案写作"，包括电商文案与视觉营销、电商文案的写作技巧；第四篇"网店装修基础"，包括网店装修基础知识、网店装修技巧、引流渠道图片的设计与优化；第五篇"数据化视觉营销及管理"，包括电商数据化视觉营销简介、数据化视觉营销管理方法。本书图文并茂，实用性强。

本书适合高等职业院校电商类专业学生使用，也适合网店装修的用户学习。

版权专有　　侵权必究

图书在版编目（CIP）数据

视觉营销与美工/佘碧蓉，周持莅主编.—北京：北京理工大学出版社，2018.8（2024.2重印）

ISBN 978-7-5682-6068-8

Ⅰ.①视… Ⅱ.①佘… ②周… Ⅲ.①网络营销 Ⅳ.①F713.365.2

中国版本图书馆CIP数据核字（2018）第186809号

责任编辑：钟　博		文案编辑：钟　博	
责任校对：周瑞红		责任印制：边心超	

出版发行 / 北京理工大学出版社有限责任公司

社　　址 / 北京市丰台区四合庄路6号

邮　　编 / 100070

电　　话 /（010）68914026（教材售后服务热线）

　　　　　（010）68944437（课件资源服务热线）

网　　址 / http://www.bitpress.com.cn

版 印 次 / 2024年2月第1版第4次印刷

印　　刷 / 河北鑫彩博图印刷有限公司

开　　本 / 889 mm×1194 mm　1/16

印　　张 / 10

字　　数 / 257千字

定　　价 / 49.00元

图书出现印装质量问题，请拨打售后服务热线，负责调换

前言 PREFACE

　　视觉营销是为达成营销的目标而存在的,是将展现技术和视觉呈现技术与商品营销相结合,通过标志、色彩、图片、广告等一系列视觉展现,向顾客传达产品信息、服务理念和品牌文化,以达到促进商品销售、树立品牌形象的目的。

　　网店视觉营销是网店必不可少的营销手段之一,是利用色彩、图像、文字等吸引潜在顾客的关注,由此增加产品和店铺的吸引力,从而达到营销制胜的效果。视觉营销的作用是吸引顾客关注从而提升网店的流量,并且刺激顾客的购物欲望,使目标流量转变为有效流量。在吸引顾客关注的同时还要塑造网店形象,这样才能够让有效流量再次转变为忠实流量。

　　本书以视觉营销为核心目标,围绕网店视觉营销所需具备的基础技能,分别对电商视觉营销工具、电商视觉营销基础、电商文案写作、网店装修基础、数据化视觉营销及管理等进行阐述,讲解如何将视觉营销的理论和网店美工设计有机融合,打造出高转化率的店铺视觉营销效果。

　　本书适合高等职业院校的学生使用,也适合网店装修的用户学习,对提升网店装修技能和视觉营销能力非常有帮助。本书配套资源请扫码关注"建艺通"微信公众号,输入"视觉营销与美工"索取。

　　因编者水平有限,书中难免有疏漏的地方,恳请广大读者批评指正。

编　者

"建艺通"微信公众号

目 录 CONTENTS

第一篇　电商视觉营销工具 001

第一章　Photoshop在网店装修中的应用 005
第二章　Dreamweaver在网店装修中的应用 021

第二篇　电商视觉营销基础 033

第三章　电商视觉营销概述 035
第四章　视觉色彩设计 038
第五章　视觉图形设计 052
第六章　字体设计 063
第七章　版式编排设计 070

第三篇　电商文案写作 079

第八章　电商文案与视觉营销 081
第九章　电商文案的写作技巧 086

第四篇　网店装修基础 099

第十章　网店装修基础知识 101
第十一章　网店装修技巧 112
第十二章　引流渠道图片的设计与优化 130

第五篇　数据化视觉营销及管理 139

第十三章　电商数据化视觉营销简介 141
第十四章　数据化视觉营销管理方法 150

参考文献 155

第一篇 电商视觉营销工具

知识目标

1. 认识电商视觉营销工具 Photoshop 和 Dreamweaver。
2. 熟悉使用 Photoshop 调整图片的方法。
3. 能够使用 Photoshop 完成商品图片的美化与修饰。
4. 掌握利用 Photoshop 抠取各种商品图片的技巧。
5. 掌握利用 Photoshop 调整照片色彩的方法。
6. 掌握 Dreamweaver 创建本地站点的方法。
7. 熟悉 Dreamweaver 规则表格、不规则表格的排版。
8. 熟悉 Dreamweaver 链接的设置及热点设置。

案例导入

在买家浏览网店页面时，图片最吸引买家的眼球，精美的商品图片能使人产生愉悦的快感，所以卖家要学会对图片进行美化处理，提高图片质量，这样才可以促进销售，提高成交率。图片美化的工具有很多，常见的有 Photoshop、美图秀秀、光影魔术手等，后两者只能完成一些较为简单的图像处理操作，而抠图、精确合成、文字的艺术化编排等较精细复杂的操作还要依靠专业的图像处理软件 Photoshop 来完成。Photoshop 是 Adobe 公司开发的平面图像处理软件，是网店装修时最常用的一个专业设计软件。熟悉 Photoshop 的主要功能，可以在网店装修区更加得心应手。在网店装修中，除了需要应用 Photoshop 进行基本美化外，还需要利用 Dreamweaver 完成图文并茂的页面排版，并设置超链接，Dreamweaver 是网店装修必学的软件。

下面通过多个案例来了解 Photoshop 和 Dreamweaver 软件在网店装修中的应用。

一、Photoshop 在网店装修中的应用案例

1. 图片的基础调整

使用 Photoshop 来调整图片的尺寸和分辨率。

2. 图片的美化与修饰

使用 Photoshop 来美化图片，去除图片中多余的物品，修复图片中的污点和瑕疵等。

3. 抠取图像

Photoshop 提供多种抠图技巧，包括对规则和不规则对象外形轮廓的抠取、对透明和半透明物品的抠取，以及对人物头发的抠取等。

4. 图片调色

拍摄的商品照片经常会存在色调偏暗、色彩不鲜艳等问题，使用 Photoshop 能够还原商品的真实色调和色彩。

二、Dreamweaver 在网店装修中的应用案例

 我们是某品牌下的天猫旗舰店,销售的所有商品都是品牌正品,您可以放心购买。

 本店提供全方位专业的购物咨询,您可以联系我们的售前客服了解商品的各项详细内容,以及店铺活动的具体细节。

 本店支持7天无理由退换货。非质量问题退换货寄回邮费由买家承担,售后人员在签收您的包裹后3-5个工作日核实信息后主动联系您,为您处理。

 本店快递支持:顺丰、圆通、EMS,若顾客无特殊要求会根据物流便捷性自动匹配快递公司发货。

CHAPTER ONE

第一章 Photoshop在网店装修中的应用

思维导图

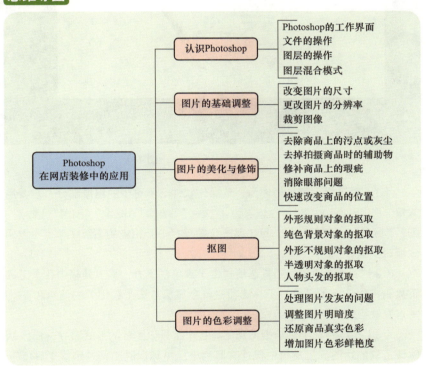

第一节 认识 Photoshop

Photoshop CS6 是一款专业的图形图像处理软件，利用 Photoshop 的强大功能，可以对图片进行基础编辑，快速修复图片中的瑕疵，修复图片色调偏暗、色彩不鲜艳等问题。Photoshop 是网店装修中必学的工具。

一、Photoshop 的工作界面

打开 Photoshop 应用程序，可以看到 Photoshop 的工作界面，如图 1-1 所示，其主要由菜单

栏、工具选项栏、工具箱、图像窗口、面板、状态栏等组成。

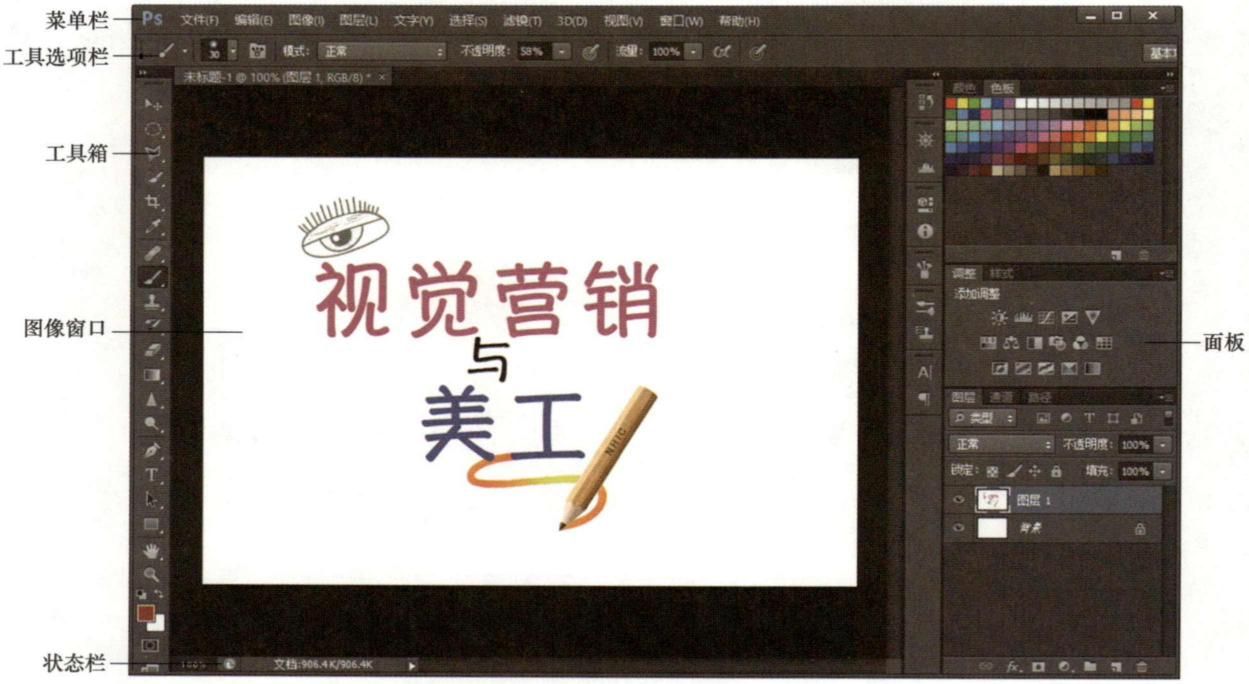

图 1-1

（1）菜单栏。菜单栏作为一款操作软件必不可少的组成部分，主要用于为大多数命令提供功能入口。Photoshop 的菜单栏依次为："文件""编辑""图像""图层""文字""选择""滤镜""3D""视图""窗口"及"帮助"，单击某一个菜单栏打开相应的下级菜单，可以通过选择菜单栏中的各项命令编辑图像。

（2）工具选项栏。工具选项栏位于菜单栏下方，是工具箱中各个工具的功能扩展，当用户选择工具箱中的任一工具后，工具选项栏就会显示与该工具相关的信息和参数。用户可针对不同的设计需求设置相应的参数。

（3）工具箱。工具箱根据功能将各个工具以图标的形式聚在一起，从工具的名称和形状可以了解该工具的功能。工具箱中标注有黑色小三角标记的工具表示该工具位于一个工具组中，其下还有一些隐藏工具，在该工具按钮上长按鼠标左键，可显示该工具组中隐藏的工具。

（4）图像窗口。图像窗口是编辑和处理图像文件的工作区域。

（5）面板。面板汇集了图形操作中常见的选项或功能，在"窗口"菜单中可以选择不同的面板，如"图层""路径""通道""颜色""画笔""历史记录"等。每个面板可以显示、隐藏和缩小为面板按钮。

（6）状态栏。状态栏可以显示图像显示比例、文档大小、文档尺寸、当前工具等信息。

二、文件的操作

1. 新建文件

在 Photoshop 中执行"文件"→"新建"命令，或按"Ctrl+N"组合键，弹出"新建"对话框，根据需要设置文件的名称、大小、分辨率、颜色模式、背景内容等，单击"确定"按钮，即可创建一个新的文件，如图 1-2 所示。

2. 打开文件

执行"文件"→"打开"命令，或按"Ctrl+O"组合键，在弹出的"打开"对话框中选择要打开的文件，单击"确定"按钮即可。

3. 保存和关闭文件

文件的保存主要用到"存储"和"存储为"两个命令。当新建的图像第一次被保存时，执行"文件"→"存储"命令（或按"Ctrl+S"组合键）和执行"存储为"命令（或按"Shift+Ctrl+S"组合键）的功能是一样的，将弹出"存储为"对话框，如图 1-3 所示。

将打开的图像文件编辑后再保存，"存储"命令是在覆盖原文件的基础上直接进行存储，执行它不会弹出"存储为"对话框；而执行"存储为"命令会弹出"存储为"对话框，可以将原文件重新命名或改变存储路径。

处理好图片后，可以执行"文件"→"关闭"命令，或按"Ctrl+W"组合键关闭文件。

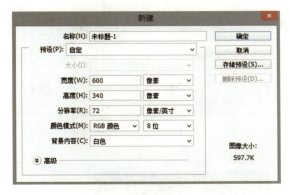

图 1-2

三、图层的操作

图层是图像信息的处理平台，是 Photoshop 中的重要功能之一。使用图层可以创建各种图层特效，制作出充满创意的图像作品。

1. 认识"图层"面板

在 Photoshop 中，"图层"面板是进行图像编辑必不可少的工具，用于显示当前图像的所有图层信息。通过"图层"面板，可以调整图层的叠放顺序、图层的不透明度以及图层的混合模式等参数，还可以添加颜色填充，照片滤镜等来丰富图层上图像的效果。执行"窗口"→"图层"命令或按 F7 键，都会弹出"图层"面板，如图 1-4 所示。

2. 调整图层的顺序

图层只是用来确定图像在画布中对象的上下关系以及图像的显示效果。当确定当前工作图层后，才能够对图层中的图像进行各种操作。

执行"图层"→"排列"命令，在打开的子菜单中可选择"置为顶层""置为底层""前移一层"和"后移一层"等调整顺序命令，也可以选中图层手动拖曳图层调整其顺序。

图 1-3

图 1-4

图 1-5

图 1-6

图 1-7

3. 新建图层

在编辑图像时需要建立新图层，建立新图层的方法有两种：

（1）在"图层"面板中创建图层。单击"图层"面板底部的"创建新图层"按钮，即可在当前图层上面新建一个图层。

（2）用"新建"命令创建图层。执行"图层"→"新建"→"图层"命令，或按"Shift+Ctrl+N"组合键，在弹出的"新建图层"对话框中输入新建图层的名称，单击"确定"按钮后即新建一个图层，如图 1-5 所示。

4. 复制图层

Photoshop 提供了多种图层处理方法，可以复制同一图像内的任何图层，也可以将一个图像中的图层复制到另外一个文件中。

（1）在"图层"面板中复制图层。打开"图层"面板，将需要复制的图层选中并拖曳到"创建新图层"按钮上，即可复制该图层，如图 1-6 所示。

（2）通过快捷键复制图层。选中需要复制的图层，并按"Ctrl+J"组合键，即可复制当前图层。

（3）通过菜单命令复制图层。选择需要复制的图层，执行"图层"→"复制图层"命令，在弹出的"复制图层"对话框中输入图层名称，单击"确定"按钮即可，如图 1-7 所示。

5. 链接图层

想要同时对几个图层进行移动、旋转、自由变换等操作时，可以链接图层。

按住 Ctrl 键，单击"图层"面板中需要链接的图层，同时选中多个图层，单击"图层"面板左下角的"链接图层"按钮，此时在链接图层的右边就会出现链接图标。

6. 合并图层

当图像设置完成以后，可以将一些不用改动的图层合并在一起，这样可以减少磁盘空间，提高操作速度，同时方便添加一些特效。

（1）合并图层。在"图层"面板中选中需要合并的多个图层，执行"图层"→"合并图层"命令，即可合并图层。合并后图层以合并前最上面的图层名称来命名。

（2）向下合并图层。如果要将一个图层与它下面的图层合并，可以选择该图层，然后执行"图层"→"向下合并"命令，或按"Ctrl+E"组合键即可。合并后的图层使用下面图层的名称来命名。

（3）合并可见图层。先将不想合并的图层隐藏起来，然后执行"图层"→"合并可见图层"命令，或按"Shift+Ctrl+E"组合键，可将"图层"面板中所有可见图层进行合并。

（4）拼合图像。执行"图层"→"拼合图像"命令，可以将所有可见图层合并到背景图层中，如果有隐藏的图层，将会弹出提示对话框，提示是否要去掉隐藏的图像。

四、图层混合模式

图层混合模式是 Photoshop 中一项较突出的功能，它通过色彩的混合获得一些特殊的效果。混合模式是指将当前绘制的颜色与图像原有的底色以某种模式进行混合。图层混合模式分布在 6 个组中，共 27 种，如图 1-8 所示。

在所有混合模式中，有些是针对暗色调的图像混合，有些是针对亮色调的图像混合，有些则是针对图像中的色彩进行混合。无论是何种方式的混合，均会将两个或者多个图像整合为一幅图像。例如，对比模式能够在加亮一个区域的同时使另一个区域变暗，从而增加下面图像的对比度，如图 1-9 所示。

图 1-8　　　　　　　　　　　　　　　图 1-9

第二节　图片的基础调整

一、改变图片的尺寸

商品图片的来源较广，可以是拍摄的、下载的或扫描的。通常拍摄得到的原始图片都会达到 2M 以上，这样的大尺寸图片并不能直接用于网店装修，因为过大的图片会占用很大的存储空间，影响上传图片和浏览图片的速度，而且尺寸过大的图片不能匹配网店页面的宽度规格，因此商品照片后期处理往往都需要改变照片的尺寸。

打开商品的图片，执行"图像"→"图像大小"命令，在打开的"图像大小"对话框中对图像的尺寸重新设置，就可以完成图片大小的修改，如图 1-10 所示。

从图 1-10 所示的操作过程可以看到，同样以 25% 比例显示的图片，图片的"宽度"和"高度"选项等比缩小之后，图片的文件大小也随之变小，即通过缩小图片的尺寸可以减小文件占用的存储空间，这样的图片有利于在网络上快速传输，更适合网店装修。

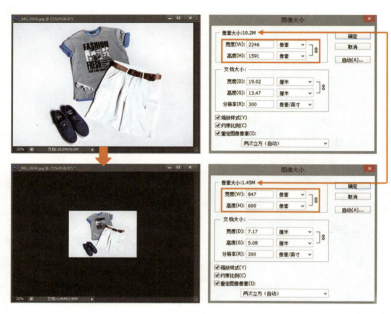

图 1-10

二、更改图片的分辨率

所谓分辨率，是指在单位长度内所含有的点或像素的多少，其单位为"像素/英寸"或者"像素/厘米"。一张图片质量的好坏与图像的分辨率和尺寸大小息息相关，图像分辨率越高，意味着每英寸所包含的像素越多，细节越丰富，图像也越清晰。

分辨率很高的图片由于文件太大，会给网站服务器等网络设备带来负担，导致在网页中加载时过于缓慢，而视觉可见的清晰度并没有明显提高；分辨率太低则会导致视觉可见的清晰度下降。因此，在制作网店装修的图片之前必须确定图像的分辨率。图像应采用多大的分辨率，要由发行媒介来决定，由于网店装修的图像是在计算机或网络上使用的，综合考虑显示屏的显示原理和显示效果，以及网页显示技术规范的要求，72像素/英寸的图片分辨率可以在保证图片清晰度的前提下，最大限度地减小图片的体积，达到图片显示效果和网页加载速度的最佳平衡。

打开商品的图片，执行"图像"→"图像大小"命令，通过设置"分辨率"选项将图片原本较高的分辨率更改为更适合网页显示的"72像素/英寸"，如图1-11所示。

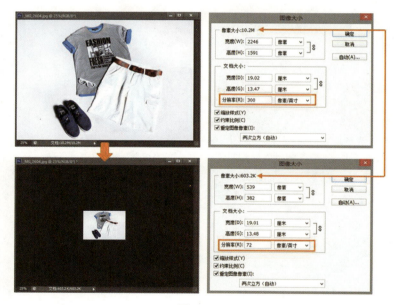

图 1-11

三、裁剪图像

在网店装修的过程中，经常需要把一张图片中不需要的部分裁剪掉，Photoshop中的裁剪功能不仅可以对图片进行重新构图，还能校正角度倾斜和透视变形的图片。下面对裁剪工具的使用技巧进行讲解。

1. 重新构图

使用"裁剪工具"对图片进行二次构图，主要是为了达到以下两个目的：

（1）对于前期拍摄中构图不理想的图片进行调整，或对拍摄过程中多余的空间进行裁剪。

在Photoshop中打开一张需要进行裁剪的图片，选择工具箱中的"裁剪工具"，在图像窗口单击进行拖曳，使需要保留的图像显示在裁剪框中，按Enter键就可以完成图像的裁剪，如图1-12所示。

图 1-12

（2）在网店装修中经常需要用到商品的细节图，除了在拍摄时可以用微距拍摄特定照外，还可以将完整的商品照片进行裁剪，制作出商品的细节展示图，但这要求前期拍摄的商品图片尺寸足够大，保证在 100% 比例显示时仍然清晰，效果如图 1-13 所示。

2. 调整角度

在拍摄商品的过程中，有时会因为相机持握方式不对，导致拍出的照片画面倾斜，此时可以利用 Photoshop 中的"裁剪工具"将其调整正确。

选择工具箱中的"裁剪工具"，在其选项栏中单击"拉直"按钮，使用鼠标在图片中进行拖曳，绘制出一条新的水平基线，这时在绘制的直线末端会显示旋转裁剪的角度。释放鼠标后，Photoshop 会根据绘制的基线创建一个带有角度的裁剪框，如果对调整的角度不满意，还可以将鼠标放在裁剪框外，当出现箭头时，通过拖动鼠标调整角度，效果如图 1-14 所示。

3. 校正透视变形

在拍摄商品的过程中，可能会因为环境的影响，导致拍出的照片画面透视变形，此时可以利用 Photoshop 中的"透视裁剪工具"进行纠正。

选择工具箱中的"透视裁剪工具"，在图像窗口中单击拖曳鼠标，拉出一个虚线方框，拖动裁剪选框四个角的控点，直到网格的横线和竖线都和照片中油画的边框平行，按 Enter 键确定，完成裁剪校正透视变形操作，如图 1-15 所示。

图 1-13

图 1-14

图 1-15

第三节　图片的美化与修饰

在拍摄商品照片时，可能会因为环境问题，使拍摄出来的照片中出现一些干扰物；同时，拍摄时使用的相机大多像素比较高，会使商品表面的一些瑕疵、灰尘或污点清晰地显示在画面中。如果直接将这些图片用于网店装修，会影响买家对商品品质的判断，从而降低商品的销售量。因此，需要用 Photoshop 中的工具来修饰与美化商品图片。

一、去除商品上的污点或灰尘

由于拍摄环境的问题，商品在拍摄过程中可能会沾染一些灰尘或产生污点，在拍摄过程中肉眼比较难发现，但当照片放大时这些污点就会较为明显，其直接影响产品的质量和美感。此时可以使用 Photoshop 中的"污点修复画笔工具"进行修复。"污点修复画笔工具"可以在保留原图纹理、

图 1-16

光照、不透明度等的前提下，快速地去除图片中的污点和划痕等，达到美化效果，对去除人物皮肤上的斑点、痘印等较小瑕疵也非常有效。

打开一张商品的照片，放大后可以明显地看到毛公仔的身上有一些污点，影响了公仔可爱的形象。选中工具箱中的"污点修复画笔工具"，根据污点的大小在选项栏中设置画笔的大小，然后用鼠标单击污点，即可快速去除，如图 1-16 所示。

二、去掉拍摄商品时的辅助物

在拍摄商品时，有时为了完整展现商品的某一面，经常会利用挂钩、细线、衣架等物品将商品悬挂起来。拍完之后为了使图片美观好看，可以利用 Photoshop 中的"仿制图章工具"将这些不需要的辅助物去掉。使用"仿制图章工具"可以从图像中复制信息，并将其应用到其他区域或其他图像中。该工具常用于去除照片中的缺陷。

打开一张手提包的照片，可以清晰地看到手提包的顶端有个铁丝挂钩，用于将带子竖起来，以便看到商品的整体效果，后期处理图片时要将照片中的挂钩去掉。选中"仿制图章工具"，在选项栏中设置参数值，按住 Alt 键的同时在需要仿制图像的周围取样，取样后拖曳鼠标在目标区域上涂抹，以覆盖有挂钩的区域，如图 1-17 所示。要想得到更为逼真的图像效果，需要不断地取样，然后进行涂抹。

图 1-17

三、修补商品上的瑕疵

在放大商品细节图时，有些商品表面会有瑕疵，这些瑕疵不会每件商品都有，有可能是样品本身的缺陷，或不小心使商品表面有磨损，衣服、皮包之类的商品在运输过程中可能会有折痕，等等。所以在后期处理细节图时，要修补商品上的瑕疵，以树立商品的完美形象。针对小的瑕疵，可以使用 Photoshop 中的"污点修复画笔工具"去除，但对于一些较为明显的和面积较大的瑕疵，可以使用"修复画笔工具"进行修复。

"修复画笔工具"与"仿制图章工具"类似，也可以利用图像或图案中的样本像素来绘画。但该工具可以从被修饰区域的周围取样，并将样本的纹理、光照、不透明度和阴影等与修复的像素匹配，从而去除照片中的污点和划痕等瑕疵，使人工痕迹不明显。

打开一张珊瑚项链的图片，在展示最大粒的筒珠细节图时发现商品的表面有划痕和麻点。先选择工具箱中的"污点修复画笔工具"在较小的麻点上涂抹，可以快速修复细小瑕疵，如图 1-18 所示。

图 1-18

微课：模特美容 1
（修复画笔工具）

微课：模特美容 2
（修复工具）

针对最大筒珠上的划痕，选择工具箱中的"修复画笔工具"，先在选项栏中设置好参数，接着按住 Alt 键在划痕周边没有瑕疵而颜色相近的区域单击取样，再对划痕进行涂抹。这样反复地采样和修复，就可以既保持项链的纹理光泽，又去除掉表面的瑕疵，达到完美的展现，如图 1-19 所示。

四、消除眼部问题

在拍摄模特展示产品的图片中，经常会有一些脸部的特写，由于模特自身的问题，有可能会出现黑眼圈、眼袋、皱纹等，从而影响产品的展示。此时可以使用 Photoshop 中的"修补工具"进行后期的美化。利用"修补工具"可以用其他区域图案中的像素来修复选中的区域，并将样本像素的纹理、光照和阴影等与源像素进行匹配，该工具的特别之处是需要用选区来定位修复范围。

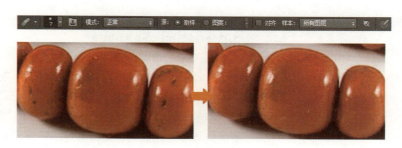

图 1-19

打开一张模特眼部特写的图片，放大后可以清晰地看到模特眼部有些细纹，影响了画面美感，所以要去除眼部细纹。选择工具箱中的"修补工具"，先用鼠标将需要修补的图像区域创建为选区，将选区拖曳到周围皮肤较好的区域进行采样，释放鼠标后就可以用取样像素来修补选区像素，达到美化效果，如图 1-20 所示。

图 1-20

五、快速改变商品的位置

对于在网上下载的图片或者早期拍摄好的照片，如果对图片中某些商品的位置不满意，想进行重新调整，可以使用 Photoshop 中的"内容感知移动工具"快速移动商品的位置。"内容感知移动工具"可以快速地移动或复制物体，移动或复制后的边缘会自动进行柔化处理，以便和周围的环境完美地融合在一起。

打开一张服装搭配的图片，在拍摄商品时鞋子摆放在上衣的右侧，但该网店主要卖的是服装，鞋子不是重点，所以想把鞋子调整到左下角的位置，这样摆放更为合理美观。选择工具箱中的"内容感知移动工具"，先在选项栏中设置好参数，用鼠标将鞋子粗略地抠选出来成为选区，然后将选区移动到想要放置的位置，即可快速实现商品位置的移动，如图 1-21 所示。

图 1-21

第四节 抠图

抠图在网店图片处理过程中是最重要的一项工作。很多时候拍摄完的图片还要进行后期合成和设计，这就需要将主要产品部分从照片中抠取出来单独显示或处理。Photoshop 提供了多种抠取图像的工具，下面针对常用的抠图技术进行具体介绍。

一、外形规则对象的抠取

对于一些外形规则的商品，如矩形、椭圆形或多边形，可以使用 Photoshop 中的"选框工具"或"多边形套索工具"快速抠取出来，而且还能保持边缘平滑。

1. 椭圆选框工具

当商品的外形为圆形或者椭圆形时，可使用 Photoshop 中的"椭圆选框工具"进行抠图。打开一张翡翠珠子的图片，选择工具箱中的"椭圆选框工具" ，在画面中单击并拖曳，在按住鼠标选取的过程中可以按空格键移动选区的位置，松开空格键可以继续改变选区的大小，最后拉出一个与珠子大小相同的圆形选区。按"Ctrl+J"组合键，可以将选取的珠子复制到新的图层上，隐藏背景图层就可以看到抠取出来的珠子，如图 1-22 所示。

2. 矩形选框工具

对于外形为长方形或正方形的商品，可使用 Photoshop 中的"矩形选框工具"快速地将对象抠取出来。打开一张家居装饰的图片，墙上的装饰画为标准的矩形外观，可以选择"矩形选框工具"快速地将其抠取出来，具体操作方法与"椭圆选框工具"相同，效果如图 1-23 所示。

图 1-22

二、纯色背景对象的抠取

在拍摄商品的过程中，经常会使用纯色的背景，这主要是为了方便后期去除背景。当商品与背景之间颜色差异较大时，可以使用 Photoshop 中的"魔术棒工具"或"快速选择工具"快速地将商品图像抠出。

1. 魔术棒工具

"魔术棒工具"是一种基于颜色进行选择的工具，适合选择颜色相近的区域。打开一张商品的图片，选择工具箱中的"魔术棒工具"，在选项栏中设置"容差"，"容差"值越高，对像素的相似程度要求越低，所选的颜色范围就越广，设置好参数后，在背景上单击，按住 Shift 键不放，继续单击，直到将所有背景区域添加到选区中。按"Shift+Ctrl+I"组合键反选选区，即可将商品抠取出来，如图 1-24 所示。

图 1-23

2. 快速选择工具

"快速选择工具"可以通过使用笔尖涂抹的形式迅速地绘制出选区，是一种基于颜色差异选择区域的工具，适用于对背景较为相似且变化不大的商品抠图。选择工具箱中的"快速选择工具" ，在背景上进行涂抹，在涂抹的过程中选区范围会向外扩张，自动寻找并沿着图像的边缘添加选区，选中所有图像背景后，反选选区，即可将商品抠取出来，如图1-25所示。

图1-24　　　　　　　　　　　　图1-25

三、外形不规则对象的抠取

1. 多边形套索工具

边框是直线的物品，如商品包装盒、柜子等，可以使用Photoshop中的"多边形套索工具"快速地将对象抠取出来。利用"多边形套索工具"可以绘制直线边框，适合随意地创建一些棱角分明的多边形。

打开一张收纳箱的图片，选择工具箱中的"多边形套索工具" ，单击收纳箱外形边缘任一拐角点作为选区的起始位置，沿着商品的外形边缘绘制直线，依次在每个拐角点上单击鼠标左键，当终点与起始点位置重合时，释放鼠标即可创建封闭的选区，如图1-26所示。

2. 磁性套索工具

当所要抠取的商品与背景的颜色反差较大且边缘清晰时，可以使用Photoshop中的"磁性套索工具"将商品快速抠取出来。"磁性套索工具"可以智能地自动选取，特别适合快速选择与背景对比强烈且边缘清晰的对象。

打开一张头饰的图片，选择工具箱中的"磁性套索工具" ，在选项栏中设置参数值，其中"频率"选项设置较为关键，频率越高，生成的锚点越多，捕捉到的边缘越准确。在头饰的任一边缘上单击鼠标左键确定起点，将鼠标指针沿着头饰的边缘慢慢移动，选取的点会自动吸附到色彩差异的边缘上，拖曳鼠标使线条移动至起点，单击即可闭合选区，将头饰快速抠取出来，如图1-27所示。

图1-26　　　　　　　　　　　　图1-27

3. 钢笔工具

当所要抠取的商品边缘不规则且与背景颜色差异不大时，想要取得精确的抠图效果，可以使用Photoshop中的"钢笔工具"。利用"钢笔工具"可以绘制出平滑且准确的线条，适合抠取边界非常光滑的对象，例如瓷器、电器、汽车、家具等，尤其在对象与背景颜色差异不大时，也可达到满

意的抠取效果。

打开一张相机的图片,选择工具箱中的"钢笔工具",在选项栏中设置好参数,先在相机的边缘单击,添加一个锚点,再次单击鼠标左键添加第二个锚点,此时不要松开鼠标左键,沿着边缘的方向拉伸创建一段弧线,当弧线紧贴相机边缘时释放鼠标,继续沿相机边缘绘制路径,直到路径闭合。打开"路径"面板,可以看到绘制好的路径,单击下方的"将路径作为选区载入"按钮,得到相机的选区。按"Ctrl+J"组合键,将选区内的图像复制到新的图层上,隐藏背景图层就可以看到抠取出来的商品,如图1-28所示。

图 1-28

四、半透明对象的抠取

当商品为透明或半透明的材质时,前面介绍的方法只能抠取商品的外形,不能保留商品半透明的效果,这时采用 Photoshop 的通道抠图方法,才能获得理想的效果。

打开一张玻璃杯的图片,选择"通道"面板,在"红""绿""蓝"三个通道中选择半透明区域为灰色且不透明区域黑白分明的一个通道,这里选择"蓝"通道,并复制"蓝"通道,如图1-29所示。

图 1-29

执行"图像"→"调整"→"色阶"命令,打开"色阶"对话框,调整"输入色阶(I):"中的三角形滑块,使玻璃杯边缘不透明区域为黑色,背景及透明区域为白色,半透明区域为灰色,如图1-30所示。

在按住Ctrl键的同时单击"蓝 副本"通道缩略图,载入选区,如图1-31所示。

显示 RGB 通道,隐藏"蓝 副本"通道,返

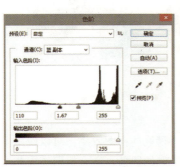

图 1-30

图 1-31

回"图层"面板，按 Delete 键删除选区内容，抠取玻璃杯。把抠取出来的玻璃杯复制到其他图片上面，可以看到玻璃杯半透明的效果，如图 1-32 所示。

图 1-32

五、人物头发的抠取

如果要抠取人物的头发或毛绒的商品，用前面介绍的"钢笔工具""魔术棒工具"等都无法快速精细地完成抠取。使用 Photoshop 中的"调整边缘"命令，可以快速高效地将背景相对简洁的毛发物体抠取出来。

打开一张人物的图片，选择工具箱中的"魔术棒工具"，单击背景，选取出背景区域，按"Shift+Ctrl+I"组合键反选选区，得到人物的大致轮廓，如图 1-33 所示。

图 1-33

执行"选择"→"调整边缘"命令，打开"调整边缘"对话框，切换"视图"选项可以观察当前的抠图效果，这里选择"叠加"选项更易于观察，如图 1-34 所示。

选择"调整半径工具"，在选项栏中调整画笔的大小，然后在头发边缘涂抹，直到效果令人满意，如图 1-35 所示。

图 1-34　　　　　　　　　　图 1-35

单击"确定"按钮，将抠取出的人物创建在新的图层上，给人物添加一个新的背景，就可以得到满意的抠图效果，如图1-36所示。

图 1-36

第五节　图片的色彩调整

由于多数中小卖家并不是专业的摄影师，如果受到摄影器材、拍摄环境等的影响，拍摄出来的照片大多会存在曝光不足、偏色、画面灰暗等问题，如果直接使用这样的商品图片，就会降低消费者的购买欲望，直接影响产品的销售情况。在Photoshop中可以通过多种方法对商品图片的色彩进行调整，以减少商品图片的色差。

一、处理图片发灰的问题

拍摄商品时最常见的问题就是亮度不够或曝光不足，其导致拍出的照片色彩相对淡一些，而且呈现出灰蒙蒙的感觉。这个问题可以利用Photoshop的"色阶"命令来解决。

打开一张皮包的图片，单击"图层"面板下方的"创建新的填充或调整图层"按钮，在下拉列表中选择"色阶"命令，创建"色阶"调整图层。双击"色阶"图层缩略图，打开"属性"面板，分别拖动三角形滑块调整参数，向右拖曳左侧的黑色三角形滑块时，调整图像暗部，使暗部更暗；向左拖曳右侧的白色三角形滑块时，图像中的亮部更亮；利用中间的灰色三角形滑块调整中间色调。调整之后的画面层次更加清晰，更接近商品的真实色调，如图1-37所示。

二、调整图片明暗度

当拍摄出来的图片因光线不足而显得比较暗时，可以使用Photoshop中的"亮度/对比度"命令快速调整图片亮部和暗部之间的对比度。

打开一张公仔的图片，可以看到画面中光线偏暗，单击"图层"面板下方的"创建新的填充或调整图层"按钮，在下拉列表中选择"亮度/对比度"命令，创建"亮度/对比度"调整图层。双击"亮度/对比度"图层缩略图，打开"属性"面板，分别设置"亮度"和"对比度"的参数值，调整后画面变得明亮一些，亮部和暗部之间对比度的层次更加丰富，如图1-38所示。

图 1-37　　　　　　　　　图 1-38

三、还原商品真实色彩

拍摄商品时，有时受到环境影响，拍出来的照片存在色差，不能真实地表现商品原来的色彩，色差问题会使消费者对商品不满意，进而导致退/换货等问题，易引起交易纠纷。使用 Photoshop 中的"曲线"命令可以处理色彩的偏差问题。

微课：色彩调整-曲线调整1　　微课：色彩调整-曲线调整2　　微课：色彩调整-色彩和色调

打开一张衣服的图片，从白色背景可以明显看出照片色彩偏红，而且衣服的色彩对比度不够明显，这使衣服看起来较旧。单击"图层"面板下方的"创建新的填充或调整图层"按钮，在下拉列表中选择"曲线"命令，创建"曲线"调整图层，双击"曲线"图层缩略图，打开"属性"面板，选择"红"通道，图片中的色彩偏红，将曲线向右下方拉，可以降低图片中红色的数值，解决色彩偏红的问题。选择"RGB"通道，将曲线向左上方拉，可以调高画面整体亮度；将曲线向右下方拉，可以降低整体亮度；曲线调整为 S 型时，可以在保持中间调图像亮度不变时，提升图片中明部和暗部之间的对比度，使色彩更鲜艳，更接近商品的真实色彩，如图 1-39 所示。

为了获得更为理想的效果，创建"色阶"调整图层，调整色阶，提升背景部分的颜色，调整后的图片颜色和亮度就得到非常好的还原，如图 1-40 所示。

图 1-39

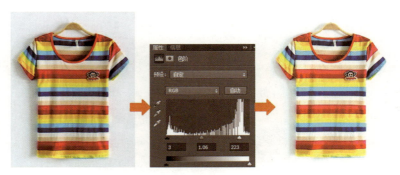

图 1-40

四、增加图片色彩鲜艳度

有时受摄影器材的限制或光线不足的影响，拍出来的图片色彩不够鲜艳。可以使用 Photoshop 中的"色相/饱和度"命令来提高色彩的饱和度，让画面中的颜色更鲜艳，更接近商品的真实色彩。

打开一张秋葵的图片，新鲜切开的秋葵应该色彩鲜亮，带有自然鲜的绿色，但拍摄出来的颜色发暗，让人感觉不够新鲜。单击"图层"面板下方的"创建新的填充或调整图层"按钮，创建"色相/饱和度"调整图层，打开"色相/饱和度"的"属性"面板，拖动"饱和度"的三角形滑块向右移动，增强图片的饱和度。调整后画面的色彩更鲜艳，更接近新鲜秋葵的真实颜色，让人看起来更有购买的欲望，如图 1-41 所示。

图 1-41

本章小结

本章以丰富的实例讲解了 Photoshop 工具在网店装修中的应用。通过本章的学习，读者可以了解 Photoshop 软件的基本功能操作，掌握使用 Photoshop 软件进行图片基础调整的方法，并能快速修复照片中存在的瑕疵。本章重点介绍了针对不同产品的外观和特点，使用 Photoshop 抠取商品主体的方法和技巧，以及对拍摄的商品照片进行色彩调整，以恢复商品原有的色调的方法。

课后思考

学完本章内容，你能用 Photoshop 为商品图片作哪些美化？

课后实训

打开本章素材，如图 1-42 所示，修复与美化商品图片，要求如下：

（1）由于拍摄条件的限制，拍出来的商品照片色调较暗，色彩有些偏差，使用 Photoshop 调整照片的色调，还原商品的色彩。

（2）放大图片后发现鞋面和鞋底边缘有些白点，将这些白点去除。

（3）将运动鞋从背景中抠出，换成白色背景。

图 1-42

CHAPTER TWO

第二章 Dreamweaver在网店装修中的应用

思维导图

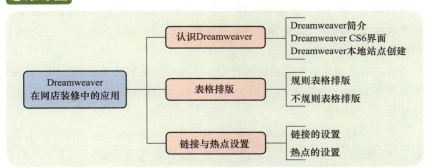

第一节 认识 Dreamweaver

一、Dreamweaver 简介

Adobe Dreamweaver，简称"DW"，中文名称是"梦想编织者"，是美国 MACROMEDIA 公司开发的集网页制作和网站管理于一身的所见即所得网页代码编辑器，DW 是第一套针对专业网页设计师特别开发的视觉化网页开发工具，利用它可以轻而易举地制作出跨越平台限制和浏览器限制的充满动感的网页。

二、Dreamweaver CS6 界面

Dreamweaver 的基本工作界面如图 2-1 所示。

1. 属性设置和文件管理

"属性"面板会根据用户选择的对象即时显示对象的属性，并可设置对象的属性。"属性"面板的状态完全是随着选择对象的变化而变化的。例如，当前选择了一幅图像，那么"属性"面板上就会显示该图像的相关属性；如果选择了表格，那么"属性"面板上就会显示表格的相关属性。

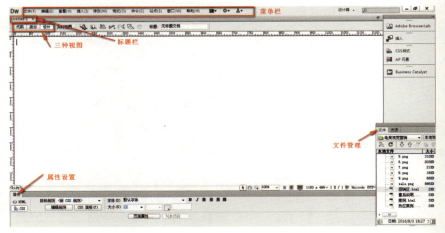

图 2-1

文件管理的相关内容将在后面的小节中进行详细介绍。

2. 三种视图

（1）"设计"视图，类似 Word 软件排版，是一个可视化的编辑与设计环境，当用户进行输入文字和设置文字、插入表格和修改表格，以及插入图片等操作时，都可以直观地看到效果。

（2）"代码"视图，用于以 HTML 语言代码编写的环境，在图文排版的页面上，有时必须进入"代码"视图检查代码或进行简单的编辑。

（3）"拆分"视图，可以将窗口分为上、下两部分，上面显示"代码"视图，下面显示"设计"视图，两种视图可以同时显示。这种显示方式使用比较少，不建议使用。

三、Dreamweaver 本地站点创建

利用 Dreamweaver 装修店铺，首先需要在本地磁盘上利用 Dreamweaver 完成页面制作，然后将制作完成的网页代码复制粘贴到旺铺装修的"自定义内容区"。完成以上两个步骤就基本完成网店的装修了。

在进行店铺设计和装修的过程中，页面中要用到的所有文件都必须保存在同一个文件夹中，该文件夹在 Dreamweaver 中被称为本地站点，在利用 Dreamweaver 进行页面制作之前，应先创建好本地站点，步骤如下：

（1）打开 Dreamweaver CS6 软件，在 Dreamweaver CS6 软件的开始界面的菜单栏上可以看到"站点"菜单项，如图 2-2 所示。

图 2-2

（2）单击 Dreamweaver CS6 菜单栏中的"站点"菜单项，然后在弹出的下拉菜单中选择"新建站点"选项，如图 2-3 所示。

（3）选择后将弹出"站点设置"对话框，先设置"站点"项，这是在计算机本地创建的，在"站点名称"处输入站点名称，此处建议为站点取一个有意义的名称，因为设计师同时维护多家店铺，不同的名称方便区分。此处取名为"电商视觉营销"，然后选择本地站点文件夹路径，如图 2-4 所示。

（4）单击"保存"按钮，Dreamweaver CS6 新建站点完成了，在 Dreamweaver 软件中，给这个窗口取个专业的名称，叫作"站点管理器"，如图 2-5 所示。

图 2-3

如果要显示或隐藏"站点管理器",可以按快捷键F8。如果"站点管理器"指定的文件夹需要修改,可以执行"站点"→"管理站点"命令,在打开的"管理站点"对话框中单击"编辑"按钮进行编辑修改,如图2-6所示。

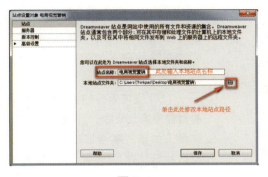  

图2-4　　　　　　　　　　　　图2-5　　　　　　　　　　　　图2-6

第二节　表格排版

一、规则表格排版

下面利用Dreamweaver CS6完成图2-7所示的规则表格的排版。

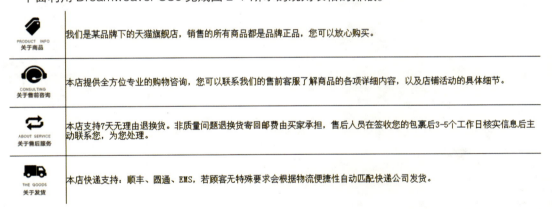

微课:店铺首页
秒杀模块1

微课:店铺首页
秒杀模块2

图2-7

1. 无线条表格的排版

看似简单的表格排版是网店装修一定要掌握的技术,无线条表格排版的具体操作步骤如下:

(1)在"站点管理器"中单击鼠标右键,在弹出的菜单中选择"新建文件"命令,如图2-8所示。

(2)将新建的文件命名为"售后说明.html",如图2-9所示。

(3)在"站点管理器"中双击打开新建的"售后说明.html"文件,接下来的操作将在"设计"视图中进行。单击"设计"按钮,进入"设计"视图状态,如图2-10所示。

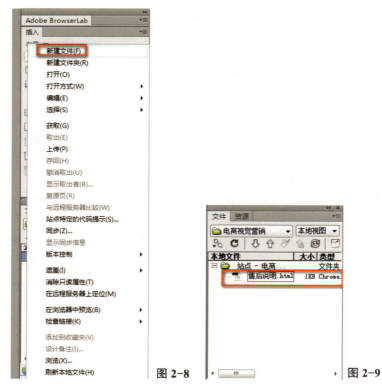

（4）执行"插入"→"表格"命令，在弹出的"表格"对话框中分析网页效果图，设置表格行数为4、列数为2、表格宽度为980像素（980像素为网页的版心宽度）、边框粗细为0像素、单元格边距为0、单元格间距为0，"标题"选择设置为"无"，单击"确定"按钮，完成表格的插入，如图2-11和图2-12所示。

（5）完成表格的插入后，如果参数需要修改命令，可以在"属性"面板（如果"属性"面板未显示，可以执行"窗口"→"属性"命令中打开"属性"面板）中对行数、列数、表格宽度、边框粗细、单元格间距、单元格边距等参数进行修改，如图2-13所示。

图2-8　　　　　　　　　　图2-9

图2-10

图2-11　　　　　　　　　　图2-12

图 2-13

(6)将光标定位于第一行第一列单元格中,执行"插入"→"图片"命令,在"选择图像源文件"对话框中选择要放在第一行第一列单元格的图片,如图 2-14 所示。

(7)在单元格中完成插入图片的操作,可以在"属性"面板中的"替换"下拉文本框中输入有利搜索的关键字,这其实就是外部的搜索引擎搜索图片时的关键字,也就是 SEO 优化的 Alt 标签,如图 2-15 所示。

图 2-14

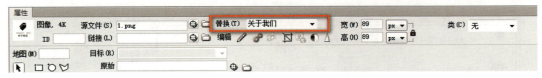

图 2-15

(8)单击表格的第一行第二列,输入文字。

注意:不要直接将 Word 文档中的文字复制到 Dreamweaver 软件中,否则会产生许多垃圾代码,甚至可能导致排版出错。正确的方法应该是:将 Word 文档中的文字先复制到记事本,再从记事本复制到 Dreamweaver 中,这样做可以清除 Word 文档中的文字格式。

(9)用相同的方法,将另外几个单元格的内容也都排版好,第一列单元格与第二列单元格的宽度可以通过鼠标拖动的方式进行调整,效果如图 2-16 所示。

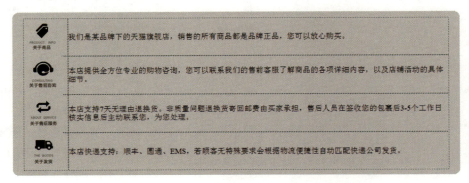

图 2-16

(10)按快捷键 F12,可以调用浏览器(以 Google Chrome 为例)预览网页效果,如图 2-17 所示。

图 2-17

2. 有线条表格的排版

如果希望表格是有线条的，在 Dreamweaver CS6 中并不是直接设置表格的边框，得到极细线表格的正确方法如下：

（1）单击表格中的任意一格，再单击状态栏标签区的"<table>"选中表格，单击鼠标右键，选择"快速标签编辑器"选项，在"编辑"标签下输入"bgcolor="#EAEAEA""，该代码的意思是将整个表格的背景颜色设置为灰色，然后在"属性"面板上设置"间距"为"1"，如图 2-18 所示。

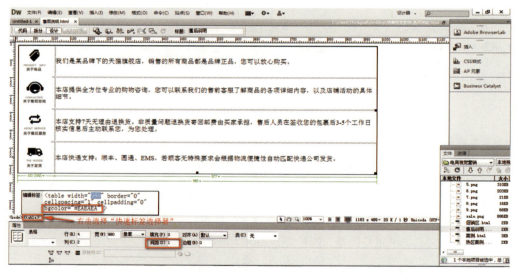

图 2-18

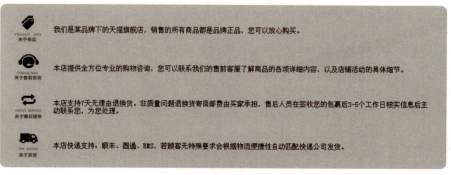

图 2-19

（2）单击最后一个单元格，按住鼠标左键并朝左上角方向拖曳，一直拖曳到第一行第一列单元格，选中所有单元格后释放鼠标，在"属性"面板中设置"背景颜色"为白色，完成细线表格的排版，效果如图 2-19 所示。

二、不规则表格排版

为了店铺页面的美观，人们经常会进行不规则表格的排版，如图 2-20 所示。

图中的 1、2、3、4 四张图片，明显是不对齐的。这样的表格看起来很简单，但第一格的高度调整会影响第三格，第二格的高度调整会影响第四格。要解决这个问题，就需要用到"嵌套表格"的排版方法。

图 2-20

如果一定要将几个表格左右并排地排版，必须建立一个一行多列的表格，这个表格的作用是控制总体布局。然后，可以在表格的每一格插入其他表格，实现左、右多个表格的排列。这样的方法称为"嵌套表格"。利用"嵌套表格"解决刚才的问题，可以先插入一行四列的表格，然后分别在第一格和第四格插入两行一列的表格，如图 2-21 所示。

图 2-21

微课：店铺首页商城
热销模块 1

微课：店铺首页商城
热销模块 2

了解了"嵌套表格"的排版技术，只要在每个单元格中插入相应的图片，就可以完成所示效果，具体步骤如下：

（1）在"站点管理器"上单击鼠标右键，在弹出的菜单中选择"新建文件"选项，并将新建的文件命名为"促销区.html"。

（2）双击打开"促销区.html"文件，单击"设计"视图按钮，进入"设计"视图状态。

（3）执行"插入"→"表格"命令，在弹出的"表格"对话框中设置表格行数为 1、列数为 4、宽度为 980 像素、边框粗细为 0 像素、单元格间距为 0、单元格边距为 0，单击"确定"按钮，完成表格的插入，如图 2-22 所示。

图 2-22

微课：店铺首页商城
热销模块 3

注意：将"边框粗细""单元格间距"都设置为 0 的表格称为"无线表格"，这样的表格在 Dreamweaver CS6 排版过程中是可以看到虚线的，但是在浏览器中是看不到虚线的。这是进行复杂页面排版的关键。可以这么说，在互联网看到的所有页面基本上都是由无线表格排版出来的。

（4）直接在中间两个单元格中插入图片，如图 2-23 所示。

（5）单击第一个单元格，执行"插入"→"表格"命令，在弹出的"表格"对话框中设置表格行数为 2、列数为 1、表格宽度百分比为 100、边框粗细为 0 像素、单元格间距为 0、单元格边距为 0，如图 2-24 所示。宽度百分比为 100，意味着这个表格的宽度是由它所在的单元格的宽度决定的，它会自适应调整自己的宽度。

图 2-23

图 2-24

（6）用相同的方法，在第 4 格也插入 2 行 1 列、表格宽度百分比为 100 的表格，然后在每一格插入图片，效果如图 2-25 所示。

图 2-25

第一篇 电商视觉营销工具

第三节 链接与热点设置

一、链接的设置

链接是一个店铺必不可少的部分，有了链接，才能提供全面、快捷的信息服务，实现不同页面之间的跳转，方便查看商品详情页等相关页面。实现链接设置的具体步骤如下：

（1）选取要设置链接的文字或图像。

（2）在"属性"面板的"链接"文本框中输入或粘贴网址，如图2-26所示。

微课：店铺底部导航条1

微课：店铺底部导航条2

图 2-26

二、热点的设置

如果需要在一张图片中设置多个链接，在图片宽度、高度和占用空间不大的情况下，可以使用热点链接快速完成操作。以图2-26为例，具体操作步骤如下：

（1）单击图片，使图片处于被选中状态，在"属性"面板的"地图"文本框中输入名称，为图片命名，如图2-27所示。

（2）选择"属性"面板中的"矩形热点工具"□，然后拖动鼠标，在图片上分别画出要链接的6个热区，如图2-28所示。

微课：店铺顶部导航条1

微课：店铺顶部导航条2

微课：店铺顶部导航条3

图 2-27

图 2-28

（3）使用"指针热点工具"，单击热区，就可以在"属性"面板的"链接"文本框中设置每个热区对应的链接，从而完成热点链接的设置，如图 2-29 所示。

图 2-29

注意："目标"表示的是目标窗口的打开方式，如果没有设置链接目标，则单击热区，首页当前页面直接跳转为链接的目标页面；如果将链接"目标"设置为"_blank"，则单击热区，链接的目标页面在浏览器的新窗口打开。

本章小结

本章以 Dreamweaver CS6 版本为例介绍了 Dreamweaver 软件在网店装修中的应用，从对 Dreamweaver 软件的基本认识，到利用 Dreamweaver 软件进行网店装修的实战，结合实际案例，介绍网店装修中最常见的两种表格排版方法，以及网店装修中常用的链接及热点设置。

课后思考

如何利用学到的 Dreamweaver 技能为网店进行装修？

课后实训

创建图 2-30 所示的表格。

微课：店铺首页 BANNER 模块 1

微课：店铺首页 BANNER 模块 2

微课：店铺首页 BANNER 模块 3

微课：店铺首页 BANNER 模块 4

图 2-30

参考操作步骤如下：

（1）执行"插入"→"表格"命令，在"表格"对话框中的设置如图 2-31 所示。

（2）按住鼠标左键连续选中表格中的第一行单元格，单击鼠标右键，执行"表格"→"合并单元格"命令，将第一行单元格进行合并，用同样方法将第二行单元格也进行合并，如图 2-32 所示。

图 2-31

（3）将光标定位在表格中的第一行，在单元格中插入图片，并在"属性"面板中修改单元格的水平对齐方式为"居中对齐"。用同样的方法操作表格中的第二行，如图2-33所示。

（4）依次将图片插入表格中第三行、第四行中的单元格，最终效果如图2-34所示。

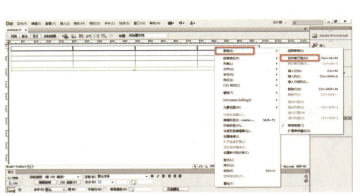
图2-32

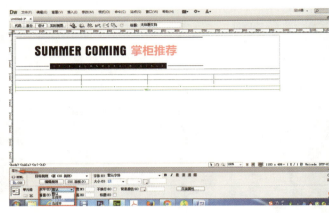
图2-33

图2-34

第二篇
电商视觉营销基础

知识目标

1. 了解电商视觉营销的基本知识。
2. 掌握店铺视觉设计中色彩搭配、图形选择、文字排版的相关技巧和原则。
3. 能够利用丰富的版面形式和相关视觉设计元素进行店铺装修设计。

案例导入

视觉在人类的所有感觉中占主导地位，是一种影响消费者行为的重要因素。心理学研究表明，视觉对人类的思维判断影响最大，占比为83%，听觉、触觉、嗅觉等占比为17%。现代优秀企业无不重视商品视觉呈现效果，以满足挑剔的消费者的检视。本篇结合众多案例，从色彩、文字、图形、版式四个方面对电商视觉设计进行阐述。

第三章 电商视觉营销概述

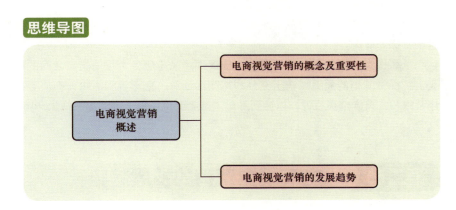

第一节 电商视觉营销的概念及重要性

随着互联网电子商务的发展，一些学者注意到网络空间视觉营销的重要性，并对基于电商平台的网店视觉营销进行了定义。杨银辉认为："网店视觉营销是指在网络环境下，利用色彩、图像、文字等造成的视觉冲击力来吸引潜在顾客的关注，由此增加产品和店铺的吸引力，从而达到营销制胜的效果"。戎姝霖指出："网络视觉营销是在虚拟的互联网购物平台所见商品的视觉摆设，它是现实生活中视觉营销的拓展"。视觉营销专家刘进对此概念的阐述是："视"即看到的所有一切＋"觉"即感受和想到的＋"营"即营造＋"销"即销售机会＝"视觉营销"。

"视"的关键点在于打造注意力。在众多品牌中脱颖而出，展现出来的东西有意思，消费者才愿意留下来。唤醒消费者的注意力，就是留住消费者的第一步。

"觉"的关键点在于唤醒感受和记忆。通过画面的呈现给予消费者视觉的冲击和美的享受，从而引发消费者对产品的认同和记忆推广。

"营"的关键点在于营造好感度。营造氛围的目的是加强和消费者之间的联系，也就是通过对品牌的塑造来让消费者形成好感度，从而认可品牌所传播出来的价值观。

"销"的关键点在于给予想象力。如何让消费者产生购买动力？就是要给予消费者想象力，即给予消费者某种情绪联想，使之产生购买愿望。

总之，视觉营销就是通过消费者看到的元素、形成的感受来营造销售机会的过程。

目前对视觉营销的定义没有统一认识，但也没有脱离"视觉冲击""吸引消费者的注意力""争取目标消费者""获取经济利益"的导向。

编者在此将视觉营销定义为：通过色彩、图像、文字在画面中的合理布局，引起消费者的视觉感官刺激，从而产生想象、兴趣、欲望，最终达到认可、消费和品牌认知目的的营销手段。

如今，整个市场已经发生了翻天覆地的变化，互联网跟电子商务的拥抱、跟零售的拥抱、跟生产供应链的拥抱已经全方位展开。电子商务作为重要的现代服务产业，已初步形成功能完善的业态体系，零售电子商务平台化趋势日益明显，市场日益集中。随着电商的成熟化，对电商视觉营销手段的研究及应用要求也越来越迫切。

世界著名推销专家海英兹·姆·戈得曼曾提出艾达模式（AIDA），即一个成功的推销员必须把顾客的注意力（Attention）吸引或转变到产品上，并使顾客对产品产生兴趣（Interest），这样顾客的欲望（Desire）也就随之产生，尔后再促使其采取购买行为（Action），促成购买。在电商营销中，视觉设计的好坏决定着商品信息传达的质量，影响着消费者的购买动机，所有视觉效果的实现都以营销目标为前提。

电商视觉营销的目的是最大限度地促进产品（服务）与消费者之间的联系，最终实现销售（购买）。视觉营销的关键点在于充分利用图形创意、色彩调和、页面布局等视觉元素来完善店铺的整体装修和宝贝详情页设计，以达到满足消费者浏览信息、创造愉悦视觉环境的目的。

第二节　电商视觉营销的发展趋势

目前电商视觉营销仍处于粗放式营销范畴，有的店铺将商品图片简单处理后就进行发布，有的虽然重金聘请了专业摄影师及设计人员进行商品图片的拍摄及网店装修等，但视觉效果差强人意。这些不重视视觉营销或者错误应用视觉元素进行营销的案例都值得从应用策略层面上进行深刻的剖析，而那些重视视觉营销，并在业内取得成绩的视觉营销手法应该得到总结推广。

鉴于此，电商视觉营销的发展趋势可从以下三个方面进行拓展和深化：

第一，开展网络消费者视觉感知价值理论的研究。根据心理学的格式塔理论，消费者视觉感知有一个整体性的前提，网店视觉营销对消费者价值感知、价值评价、价值形成，在品牌建设、企业文化等方面的认同，以及推动产品开发、设计、品牌建设等方面的影响，应该是今后理论和应用研究的重点。

第二，深化网络消费者视觉感知模式研究。虽然基于网络消费者视觉感知与消费决策相关性是网店视觉营销研究的普遍起点，但仍有很多问题值得深入探讨，例如消费者视觉感知的整体性与视觉冲击力的区别、视觉营销基本要素的互动关系、最佳视觉营销效果评价体系等，都需要进一步进行理论构建。影响网络消费者行为的因素较多，未来网站VMD的研究有必要加强定量方法，利用计算机数据处理技术，在考察有不同因变量同时作用的情况下，解释各因素在提升网络消费者视觉感知产品价值上的影响程度和协同程度。

第三，随着大数据分析技术的发展，未来还需要加强网店视觉营销的创新性研究，尤其是基于大数据的网络消费者行为分析、基于大数据的网络消费者视觉模式构建以及精准视觉营销策略等，这方面的基础研究工作急需填补。

本章小结

电商视觉营销的目的是最大限度地促进产品（服务）与消费者之间的联系，最终实现销售（购买）。视觉营销的关键点在于充分利用图形创意、色彩调和、页面布局等视觉元素来完善店铺的整体装修和宝贝详情页设计，以达到满足消费者浏览信息、创造愉悦的视觉环境的目的。

课后思考

寻找10个你最喜爱的电商店铺，对每个店铺的设计风格进行分析，并对其设计思路及创意进行讨论。

课后实训

根据你所喜欢的设计风格，自选一种产品进行首页设计。

第四章 视觉色彩设计

CHAPTER FOUR

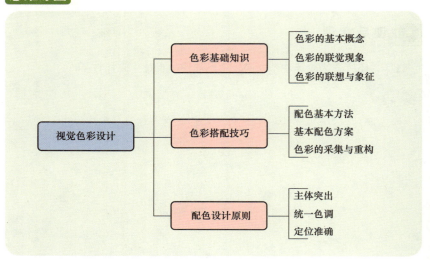

思维导图

第一节 色彩基础知识

一、色彩的基本概念

在千变万化的彩色世界中，人们能感受到的色彩也异常丰富。色彩可以分为无彩色系和有彩色系两大类。无彩色系有黑、白、灰色，色度学上称为黑白系列。无彩色系以外的都是有彩色系，光谱上呈现出的红、橙、黄、绿、青、蓝、紫，再加上它们调和出来的色彩都属于有彩色系。

1. 三原色

不能用其他颜色调和而成的色彩叫作原色。色环中有三种色不能由其他颜色调和出来，但用这三种色可以调和出任何一种色彩，这三种色就是红、黄、蓝，它们被称为色彩的三原色。

三原色中，任何两种色调和出来的色彩，叫作二次色，例如，红＋黄＝橙色、红＋蓝＝紫色、黄＋蓝＝绿色，二次色处在三原色之间。红橙、黄橙、黄绿、蓝绿、蓝紫和红紫六色为三次色，三次色是由原色和二次色混合而成的。图 4-1 所示为色相环（12 色），图 4-2 所示为原色、二次色、三次色的产生，图4-3所示为三原色到12色相环的演变。

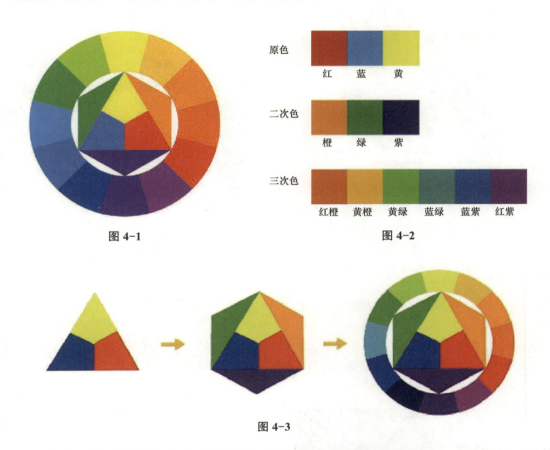

图4-1　　　　　　　　　　　　　图4-2

图4-3

三原色有两类，分别是色料三原色和色光三原色。色料三原色为：C（湖蓝）、M（品红）、Y（柠檬黄），如图4-4所示。色料三原色（C、M、Y）是减弱光的颜色而获得的，通常用于四色印刷，这三种颜色调和在一起变成黑色。色光三原色为：R（红）、G（绿）、B（蓝）如图4-5所示色光三原色（R、G、B）是通过光的照射而获得的，三种颜色的光合在一起形成白色光，电脑显示屏上的色彩就是由色光三原色调和而成的。

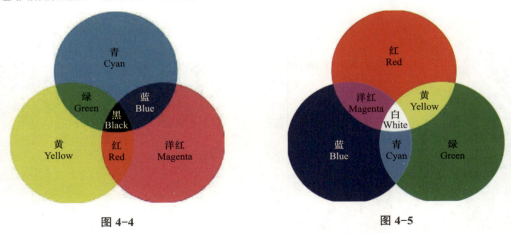

图4-4　　　　　　　　　　　　　图4-5

2. 色彩的三要素

色彩的三要素是指色彩的色相、明度和纯度。

（1）色相。色相是色彩的最重要的特征，是指能够比较确切地表示某种颜色色别的名称。红、橙、黄、绿、青、蓝、紫的光谱为基本色相，其形成一种秩序，这种秩序是以色相环的形式体现的，称为纯色色环。色相主要体现事物的固有色和冷暖感，图4-6所示为24色相环。

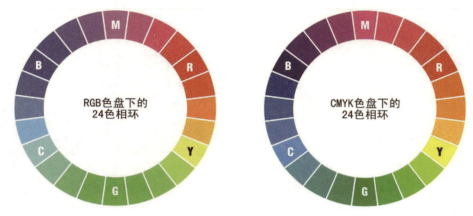

图 4-6

（2）明度。明度是指色彩的明暗程度。比如，黑色、80%灰色、60%灰色、40%灰色、20%灰色、白色在亮度上不尽相同，这些颜色在明暗、深浅上的不同变化即明度变化。所有的颜色都有明与暗的层次差别，在红、橙、黄、绿、青、蓝、紫七色中，黄色明度最高。在同一色彩中加入不等量的白色或黑色，可获得该色彩的明度变化。明度变化不仅能够丰富画面的色彩层次感，还能体现三维空间的效果。图4-7所示为色彩明度由亮变暗（自左至右），图4-8所示为色彩明度由亮变暗（自外至内）。

（3）纯度。色彩的纯度也叫饱和度，是指色彩的鲜艳程度。纯度越高，颜色越鲜明，反之，颜色越暗淡。三原色是纯度最高的色彩。颜色混合的次数越多，纯度越低，反之，纯度越高。图4-9所示为色彩纯度由艳变灰（自上而下）。

图 4-7

图 4-8

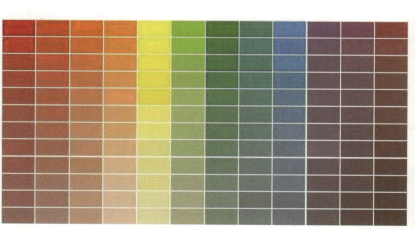

图 4-9

二、色彩的联觉现象

色彩存在于人们生活的每个角落，因为有了它的存在，世界才变得多姿多彩。色彩本身并没有灵魂，它只是一种物理现象，但人们却能感受到色彩的情感。歌德曾说："色彩对于人的心灵有一种作用，它能够刺激感觉，唤起那些使人激动、使人痛苦或使人快乐的情绪。"任何一种色彩或色彩的组合都会透过知觉在人们的心里激发出某种情感。这种各种感觉之间产生相互作用的心理现象，即对一种感官的刺激作用触发另一种感觉的现象，在心理学上称为"联觉"现象。

1. 色彩的冷暖感

色彩的冷暖更多来自人对光的体验。不同颜色的光，波长是不同的，紫光波长最短，红光波长最长，长波系列的色彩有温暖的感觉，如图 4-10 所示。介于性格鲜明的冷暖两极之间的色彩，如黄绿色与紫色，在冷暖感上比较含混，将它们判为冷暖意义上的中性色彩，如图 4-11 所示。冷暖关系是在色相的相互比较中产生的。

2. 色彩的胀缩感

色彩的胀缩感是由不同明度的色彩引起的视觉感受。暖色或光度强的色光对眼睛成像的作用力比较强，从而使视网膜在接受这类色光时产生扩散，造成成像的边缘出现模糊带，产生膨胀感。反之，冷色或光度微弱的色光成像清晰，相比之下有收缩感。一般而言，暖色和浅、亮的色有扩张感；冷色、暗色有收缩感。这是一种由色彩所唤起的空间广延度上的关联感觉。如图 4-12 所示，相同大小的圆形，暖色或明度高的颜色易产生膨胀感。

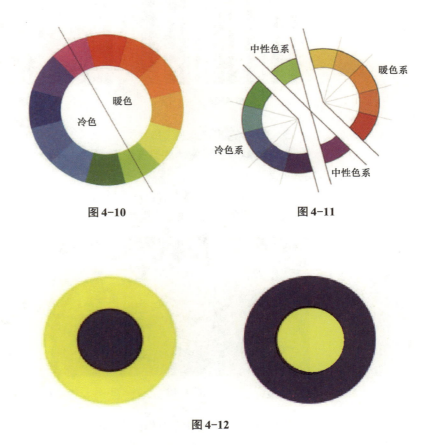

图 4-10　　　　　图 4-11

图 4-12

3. 色彩的重量感

生活中许多蓬松的物体，如天上的云、液体中的泡沫和棉花，都是色浅而轻。深色给人一种结实沉重的感觉，浅色则给人以轻柔的印象。色彩的重量感与色彩表面的肌理也有关，表面光均匀的色彩显得轻，如图 4-13 所示的棉花显得轻柔；表面毛糙的色彩显得重，如图 4-14 所示的木头显得粗糙沉重。

图 4-13

图 4-14

4. 色彩的进退感

处于同一距离上的不同色彩,会造成不同的视觉感受,即有的色彩有"抢前"的趋势,而另外一些色彩则有"后退"的倾向。一般来说,进退感对比最强烈的色彩组合,是互补色关系。在"红—绿""黄—蓝"和"白—黑"这三组两极对立的色彩组合中,红、黄、白会表现出十分突出的抢前趋势,而绿、蓝、黑则明显地退缩为前者的背景,如图 4-15 ~ 图 4-17 所示。除上面提到的互补色对比条件外,明度对比中,亮色为前进色,暗色为后退色;饱和度对比中,高饱和度色是前进色,低饱和度色是后退色;有彩色系与无彩色系对比中,前者是前进色,后者是后退色。

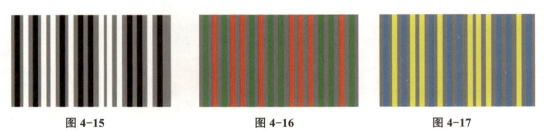

图 4-15　　　　　　　　图 4-16　　　　　　　　图 4-17

5. 色彩的味觉与嗅觉转移

色彩与味觉、嗅觉的联系在食品、饮料、化妆品和日用化工产品的产品开发及设计中具有十分重要的意义。

(1)食欲色。能激发食欲的色彩源于美味食物的外表印象,例如熟透的红葡萄,新鲜的橙子、柠檬等,食用色素大多属于这类色彩,如图 4-18、图 4-19 所示。

图 4-18　　　　　　　　　　　　　　图 4-19

(2)败味色。与食欲色相反,败味色常与变质腐烂的事物及污物的外观印象相联系,它们是各种灰调的低纯度色,如灰绿色、黄灰色、紫灰色等,如图 4-20、图 4-21 所示。

图 4-20　　　　　　　　　　　　　　图 4-21

(3)芳香色。"芬芳的色彩"常常出现在赞美性的语言里,这类形容来自人们对植物嫩叶与花果的情感,也来自人们对这种自然美的借鉴。因此,它在香水包装,美容、护肤、护发用品的宣传设计中经常被采用，如图 4-22、图 4-23 所示。

图 4-22

图 4-23

（4）浓味色。咖啡、巧克力、调味品、红茶等，这些气味浓烈的东西，其色彩也常较深浓，褐色、暗紫色、茶青色等便属于这类使人感到味道浓烈的色彩，如图 4-24、图 4-25 所示。

图 4-24

图 4-25

三、色彩的联想与象征

研究者们常从感觉、经验与联想来分析人的复杂心理，当人们看到某种色彩时，会产生心理上的相关反应与联想。例如，当人们看到绿色的植物、蓝色的水时，会产生一种轻松愉快的感觉；看到红色的物体时，会产生一种热烈、温暖的感觉……色彩的象征意义与心理联想因人而异，受地域、风俗习惯、性别、年龄、阅历、兴趣和性格等的影响。

（1）红色。红色光波长最长，又处于可见光谱的极限，最容易引起人的注意，易使人激动、紧张，同时给视觉以迫近感和扩张感；红色还给人留下艳丽、芬芳、青春、富有生命力、饱满、成熟的印象，被广泛地用于食品包装之中；红色又是欢乐、喜庆的象征，由于注目性和美感，它在标志、旗帜、宣传等用色中占据首位。

（2）橙色。橙色具有太阳的发光度，在所有色彩中是最暖的色。橙色给人香、甜且略带酸味的感觉，属于能引起食欲的色调；橙色又是明亮、华丽、健康、辉煌的象征。

（3）黄色。黄光的波长适中，黄色是有彩色系中最明亮的色，因此给人留下明亮、辉煌、灿烂、愉快、亲切、柔和的印象，同时又给人以甜美感、香酥感。

（4）绿色。绿光的波长居中，人的视觉对绿色的反应最平静，眼睛最适应绿光的刺激。绿色是植物王国的色彩，它象征着丰饶、充实、平静与希望。

（5）蓝色。蓝光的波长短于绿光，它在视网膜上成像的位置最浅，因此，当红橙色是前进色时，蓝色就是后退色。蓝色表现精神领域，让人感到崇高、深远、纯洁、透明、智慧。

（6）紫色。紫光的波长最短，眼睛对紫色的细微变化分辨力弱，容易感到疲劳。紫色给人高贵、优越、奢华、幽雅、流动、不安的感觉；灰暗的紫色具有伤痛、疾病的特征，容易造成心理上的忧郁、痛苦和不安感，因此，紫色时而有胁迫性，时而有鼓舞性，在设计中一定要慎重使用。

（7）白色。白光是全部可见光均匀混合而成的，称为全色光。白色明亮、干净、卫生、畅快、朴素、雅洁。在人们的感情上，白色比任何颜色都清静、纯洁，但用之不当，也会给人以虚无、凄凉之感。

（8）黑色。黑色对人们的心理影响可分为两类。一是消极类，例如，在漆黑之夜，人们会有失去方向的阴森、恐怖、烦恼、忧伤、消极、沉睡、悲痛、绝望，甚至死亡的印象。二是积极类，黑色象征安静、沉思、坚持、准备、考验，显得严肃、庄重、刚正、坚毅。在这两类印象之外，黑色还会给人捉摸不定、神秘莫测、阴谋、耐脏的印象。

（9）灰色。灰色居于黑色与白色之间，属于中等明度、无彩度及低彩度的色彩。它有时能给人以高雅、含蓄、耐人寻味的感觉；如果用之不当，又容易给人平淡、乏味、枯燥、单调、没有兴趣，甚至沉闷、寂寞、颓丧的感觉。

第二节　色彩搭配技巧

一、配色的基本方法

微课：同类色

微课：邻近色

将两种以上的色彩进行组合，称为"配色"。在可见光谱中，红、橙、黄、绿、青、蓝、紫是色彩体系的基本色相。色相体现着色彩的外在性格，是色彩的灵魂。它的配色方法有很多，在此，主要介绍常用的几种配色方法：同一色配色、类似色配色、中差色配色、对比色配色和互补色配色。

1. 同一色配色

同一色配色是指以一种颜色为基础，对其明度、纯度进行变化后再进行色彩搭配，如图4-26所示。这种配色方法的特点是整体感强、容易搭配，但也易使配色显得单调乏味，可借助加强明度或纯度的对比来弥补色相感的不足。图4-27所示为同色相配色案例。

2. 类似色配色

图 4-26

图 4-27

在色相环中，相隔30°～60°的颜色属于类似色。类似色的色相对比要比同一色的色相对比明显很多，它既保持了同一色的单纯、统一、柔和、主色调明确等特点，同时又具有耐看的优点，但也应注意明度和纯度的变化，避免视觉的单调感。图4-28所示为类似色配色范围，图4-29所示为类似色配色案例。

3. 中差色配色

在色相环中，相隔90°的颜色属于中差色。它在类似色和互补色中间，中差色的色相差别较明显，色相对比明快，会使画面显得跳跃，具有视觉吸引力。

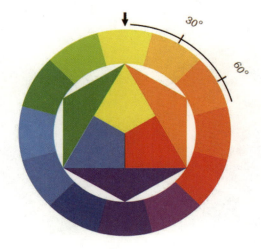

图 4-28

图 4-29

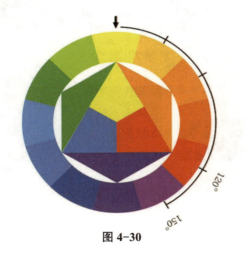

图 4-30

4. 对比色配色

在色相环上相距 120°～150° 的两种颜色称为对比色，如图 4-30 所示。把对比色放在一起，会给人强烈的排斥感；若将之混合在一起，会调出浑浊的颜色。

5. 互补色配色

在色相环中，距离 180° 的两个色相，如红与绿、黄与蓝，叫作互补色。由于互补色之间具有完全相反的性质，在搭配时选择饱和度较高的色相时，可以使画面对比强烈，引人注目。图 4-31 所示为互补色配色，图 4-32 所示为红绿互补、紫黄互补、黄蓝互补。

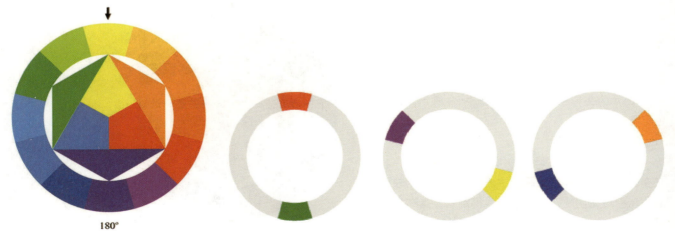

图 4-31　　　　　　　　　　　　图 4-32

二、基本配色方案

基本的配色方案是基于色相环中特定的颜色关系实现的。使用配色方案避免了通过反复试验选择颜色的麻烦，有利于建立视觉上的一致性，避免单调的色彩组合。

1. 基本配色——奔放

红色给人以热情、豪爽的感觉，这组表现"奔放"的配色方案以人们熟知的朱红色为主调进行搭配设计，使画面展现出活力与热忱。红橙色的色彩组合最能创造出有活力、充满温暖的感觉，这种色彩组合让人有青春、朝气、活泼、顽皮的感觉，常常出现在广告中，展示精力充沛的个性与生活方式。把红橙和它的补色蓝绿色搭配组合起来，就具有亲近、随和、活泼、主动的效果，如图 4-33、图 4-34 所示。

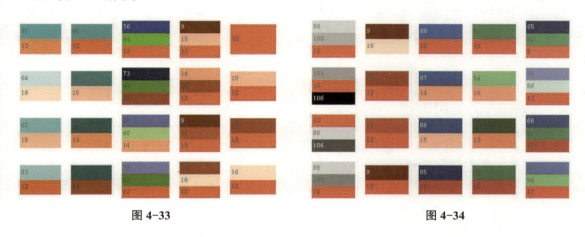

图 4-33　　　　　　　　　　　　图 4-34

2. 基本配色——传统

传统的色彩组合常常模仿那些具有历史意义的色彩画作或物品。蓝、暗红、褐色和绿等保守的颜色加上灰色，都可表达传统的主题，如图 4-35、图 4-36 所示。

图 4-35　　　　　　　　　　　　图 4-36

3. 基本配色——低沉

任何颜色加上少许灰色或白色，都能表达出柔和之美，如灰蓝色、灰绿色等。使用补色，或比原色更生动的颜色，可使这些展现柔和之美的颜色顿时生机盎然，但要保持自然的柔美，亮度的变化应尽量少使用。图 4-37 所示为低沉配色方案。

4. 基本配色——动感

黄色代表带给万物生机的太阳，具有活力和永恒的动感。当黄色加入了白色，它的光亮的特质就会增加，产生格外耀眼的效果。高度对比的配色设计，如黄色 + 紫色，就含有活力和行动的意味，尤其是出现在圆形的空间里时。图 4-38 所示为动感配色方案。

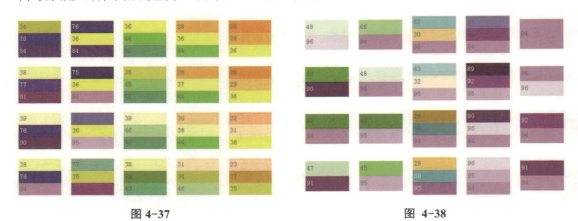

图 4-37　　　　　　　　　　　　　　　　图 4-38

三、色彩的采集与重构

色彩的采集与重构是将自然色和人工色进行分析、采集、概括、重新设计搭配的过程。一方面，分析色彩组成的色性和构成形式，保持原画面的主要色彩关系与色块面积的比例关系；另一方面，打散原来色彩形式的组织结构，按照新的设计理念重新组织色彩的比例关系，构成新的色彩形式。

1. 色彩的采集

（1）对自然色的采集，如对树叶、鲜花、白云、山川等色彩的采集，如图 4-39 所示。

（2）对传统色的采集，如对原始彩陶、青铜器、漆器、陶俑、丝绸、石窟艺术、唐三彩陶器等色彩的采集，如图 4-40 所示。

图 4-39　　　　　　　　　　　　　　　　图 4-40

（3）对民间色的采集，如对民间艺术品包括剪纸、皮影、年画、布玩具、刺绣等色彩的采集，如图 4-41 所示。

（4）对图片色的采集，指对各类彩色印刷品上的设计用色的采集，如图 4-42 所示。

图 4-41

图 4-42

2. 色彩的重构

色彩的重构是指将原来物象中美的、新鲜的色彩元素注入新的组织结构中，使之产生新的色彩形象。在进行重构练习时应遵循以下原则：

（1）整体色按比例重构：将色彩对象（自然的和人工的）完整地采集下来，按原色彩关系和色彩面积比例做出相应的色标，按比例运用在新的画面中，其特点是主色调不变，原物象的整体风格基本不变。

（2）整体色不按比例重构：将色彩对象完整采集下来，选择典型的、有代表性的色不按比例重构。

（3）部分色的重构：从采集后的色标中选择所需的色进行重构，可选某个局部色调，也可抽取部分色。

（4）形、色同时重构：根据采集对象的形、色特征，经过对形的概括、抽象，在画面中重新组织的构成形式。

（5）色彩情调的重构：根据原物象的色彩情感、色彩风格作"神似"的重构，重新组织后的色彩关系和原物象非常接近，尽量保持原色彩的意境。图 4-43 所示图案就是按照图 4-42 重构而成的。

图 4-43

第三节　配色设计原则

色彩是最能引起心境共鸣和情绪认知的元素，三原色能调配出非常丰富的色彩，色彩搭配更是千变万化。色彩设计应该能使顾客联想出商品的特点和性能，也就是说，不论如何设计色彩，都应以配合商品为准。设计配色时，可以摒弃一些传统的默认样式，了解设计背后的需求目的，思考色彩对页面场景表现、情感传达等的影响，从而有依据、有条理、有方法地构建色彩搭配方案。配色设计的主要原则如下。

一、主体突出

为了突出主体，广告画面背景色通常比较统一，背景色调明度的高低视主体色调明度而定。一般情况下，主体色调都比背景色调更强烈、明亮、鲜艳，这样既能突出主体形象，又能拉开主体与背景的色彩距离，取得醒目的视觉效果。因此，在处理主体与背景色的关系时，一定要考虑两者之间的适度对比，以达到突出主体形象的目的，如图4-44所示。

二、统一色调

使用比例最大的颜色决定了画面的色彩搭配风格，但一味强调整体色调的统一，可能会使画面缺少生机和活力，运用小面积的与主体色调相对比的色彩可以突出画面中的某些信息，这种协调中的对比可以使主题更加鲜明，如图4-45~图4-47所示。

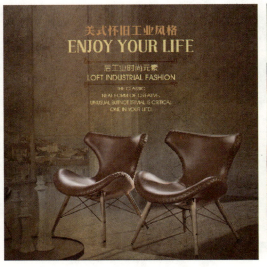

图 4-44

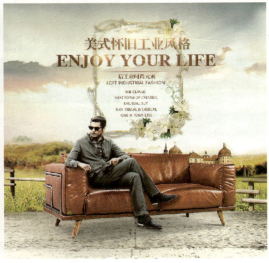

图 4-45

三、定位准确

目前有一种较为普遍的心理色彩暗示，即从商品广告的色调上大致可以判断出商品的类别。商品广告的色调选择，可以适量地运用每年的流行色，提高受众对广告内容的注意力，如图4-48、图4-49所示。

图 4-46

微课：色彩调整 暗色调

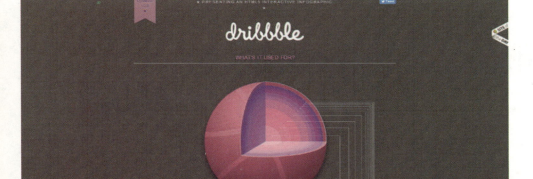

图 4-47

微课：色彩调整 明色调

图 4-48

图 4-49

本章小结

色彩是电商视觉设计表现的一个重要因素,其在设计宣传中独到的传达、识别与象征作用,具有塑造商品性格和开拓市场的功能,已受到越来越多商家的重视。正确运用色彩因素进行营销,不仅能够使企业顺利实现营销目的,还能帮助企业在市场中夺得竞争制高点。通过本章的学习,读者可以掌握基本的色彩搭配技能和应用原则,更好地提升页面视觉感,吸引消费者对商品的注意力。

课后思考

1. 12色相环中的色彩是怎样调配出来的?

2. 找出利用同一色、对比色、互补色配色作为设计基调的店铺首页或详情页,并对其用色技巧进行分析。

课后实训

以互补色搭配技巧为原则,进行店铺首页或宝贝详情页设计。

CHAPTER FIVE
第五章　视觉图形设计

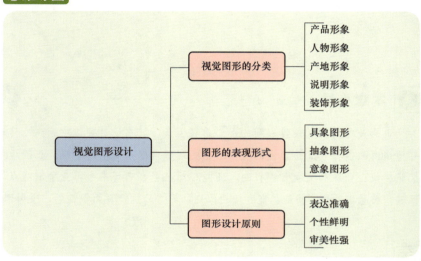

第一节　视觉图形的分类

　　图形作为视觉传达信息交流的媒介，具有重要的价值与强大的功能，它既可以直观逼真地表现产品信息内容，也可以灵活巧妙地传达商品创意。在视觉图形的设计中，首先要从产品的主题出发进行图形语言的展开发掘，概括传达出广告内容的精髓，即所使用图形能够精准地传递产品信息，显示产品的独特性；与此同时，图形还应做到传播功能与审美功能的有机结合。

　　电商视觉设计中的图形职能，是以形象作用于人的视觉，由视觉获得感受并激发心理反应来实现信息的传递。图形涉及的内容范围很广，按性质可分为产品形象、人物形象、产地形象、说明形象和装饰形象等。

一、产品形象

　　产品形象包括产品直接形象和产品间接形象。产品直接形象是指商品的自身形象。产品间接形象是指产品使用的原料形象，如液态状的果汁、粉粒状的速溶咖啡，均可通过该产品的原始材料形象予以表达。图5-1所示为猕猴桃形象的使用图，图5-2所示为咖啡豆形象的使用图，图5-3所示为巧克力形象的使用图，图5-4所示为果酱包装设计。

图5-1

图5-2

二、人物形象

人物形象是以商品使用对象为诉求点的图形表现。有些商品为了传达出产品消费者的定位人群，运用人物形象，以拉近商品与消费者之间的距离。图5-5所示为亨氏奶粉的产品宣传图。

图5-3

图5-4

三、产地形象

对独具地域特色的商品来说，产地成为商品品质的象征和保证，这种"产地"属性让商品更容易被消费者所认可和接受。比如，法国的香水和瑞士的钟表，给消费者以信服感；还有一些旅游纪念品在包装及展示宣传上展现当地的风俗人情或地域特征，使整个设计充满了明确的视觉特征。图5-6、图5-7所示为五常大米的宣传图，图5-8所示为服装材质说明。

图5-5

图5-6

图 5-7

图 5-8

四、说明形象

一些特殊商品在宣传时，为了让消费者掌握商品的使用程序和方法，使用说明示意图，以图文并茂的形式给消费者清晰、生动的注解，该方式常用于家用电器、食品、用品等的包装设计中，如图 5-9 ～图 5-12 所示。

图 5-9　　　　　　　　　　　图 5-10

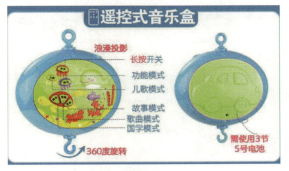

图 5-11　　　　　　　　　　　　图 5-12

五、装饰形象

装饰形象对主体形象起到一种辅助的作用，能够带给人们愉悦与遐想。利用点、线、面等几何图形或图案纹样或肌理效果来丰富画面，采用比喻、借喻、暗喻、象征等表现手法来突出商品的特征和功效，以增强商品的形象性和趣味性。比如，在土特产品、文化用品的设计上，以传统图案，吉祥图案，民间图案、纹样等进行装饰设计，可以有效地突出商品的文化特征和民族区域特征；在现代包装上使用抽象的图形则可以增强现代感和时尚气息。图5-13所示为巧克力包装设计，图5-14～图5-16所示为药品宣传设计。

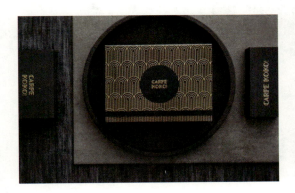

图 5-13

图 5-14

图 5-15

图 5-16

第二节 图形的表现形式

图形的表现形式及视觉效果多种多样,一般情况下,将图形的表现形式分为三种类型:具象图形、抽象图形、意向图形。

微课:矩形构图

一、具象图形

具象图形也称图像,一般是指通过摄影和插图等手法表现出的直观具体的产品客观形象,包括摄影图片、绘画作品、电脑合成图片等。

1. 摄影图片

摄影图片的传真性能够令人产生信赖和亲切之感,因其不仅能够较真实地传达商品信息,反映商品的结构、造型、材质,而且可以真实再现的产品生产过程,故被广泛应用于商业宣传和设计中,如图5-17~图5-22所示。

图 5-17

图 5-18

图 5-19

2. 绘画作品

绘画作品同样可较好地表现具象图形。绘画可以表现丰富的视觉效果,既可高度写实,又可挥洒抒情,更可夸张变形。绘画作品能充分地追随人的意愿,表达人的情感,体现出商品的独特魅力,以非凡的变通性和人情味,深受消费者的青睐。绘画作品在商品宣传设计中不仅应用面广,而且手法多样,如版画、油画、粉画、水彩、国画、漫画以及卡通绘画等。在应用过程中,要力求绘画作品的表现手法与商品的个性特征协调一致,以使消费者在轻松自在的气氛中掌握商品的准确信息。图5-23~图5-28所示为农夫山泉系列产品的宣传图。

图 5-20

图 5-21　　　　　　　　　　　　　　　　图 5-22

图 5-23　　　　　　　图 5-24　　　　　　　图 5-25

图 5-26　　　　　　　图 5-27　　　　　　　图 5-28

3. 电脑合成图片

电脑合成图片已成为目前商家宣传中的神来之笔。随着电脑软件表现技能的飞速发展，设计师运用归纳、合成、简化等手法，提取图形图像的独特个性进行变化，使商品宣传产生生动、幽默、活泼的艺术效果。与传统的写实绘画相比，电脑合成的方式更注重将夸张、理想化和多变的视觉表现形式融入画面，并强调意念的表达及个性诉求，以此强化商品对象的特征和主题，如图 5-29～图 5-32 所示。

图 5-29

图 5-30　　　　　　　　　图 5-31　　　　　　　　　图 5-32

微课：图形构图

二、抽象图形

抽象图形是现代宣传设计的一种流行趋势，其设计表现手法具有自由、灵活、样式多样、肌理丰富、现代感强等特点，给消费者在视觉上创造了更多的联想空间。它大致由以下三种表现形式组成。

1. 点、线、面的运用

设计者通过对点、线、面等造型元素的精心编排和组织，按照形式美法则将节奏、韵律、对比、均衡、疏密等多种形式进行组合运用，创造出不同的视觉感受，如图 5-33 ~ 图 5-37 所示。

图 5-33　　　　　　图 5-34

图 5-35　　　　图 5-36　　　　　　　图 5-37

2. 材质表面肌理特征的运用

不同的材质表面都有其肌理特征，不同肌理的粗糙与光滑、干燥与湿润都会给人不同的视觉感受及联想。运用相应的肌理特征与商品本身的特征相结合，可以反映出商品的特性。比如，一些土特产品采用木纹肌理的包装纸包装，以体现商品的原生态及无污染，如图 5-38 所示。

图 5-38

3. 特异几何纹样的运用

利用电脑绘制的各种平面或立体的特异几何纹样，可表达出一些无法用具象图形表现的现代概念，如电波、声波、能量的运动等。抽象图形构成的画面并无直接的含义，但有着曲、直、方、圆等多种变化，给人以或刚或柔，或优美或洒脱等多种联想，如图 5-39 所示。

三、意象图形

意向图形是指从人的主观意识出发，以客观物象为素材，利用写意、寓意的形式构成的图形。意象图形有形无象，讲究意境，不受客观自然物象形态和色彩的局限，通过夸张、变形、比喻、象征等方法，给人以赏心悦目的感受。意象图形的应用可以说是一种"隐意传达"。现代商品宣传设计中大量运用意向图形对产品进行装饰，赋予产品更多的文化内涵，如图 5-40、图 5-41 所示。

图 5-39

图 5-40

图 5-41

第三节　图形设计原则

一、表达准确

设计师借用图形来传递商品信息时，关键的一点便是准确达意。无论采用具象的图片来说明商品的实际情况，还是运用绘画手段来夸张商品的特性，抑或用抽象的视觉符号激发消费者的情绪，总之，对商品品质的正确导向才是图形设计的关键。

对商品信息的准确表达当然还包括所选用图形的诚实可信，此举不仅有利于培养消费者对该商品的信赖感，也有利于培养消费者对该品牌的忠诚度。图 5-42～图 5-44 所示的某品牌宣传图片即符合"表达准确"这一原则。

图 5-42　　　　　　　　　　图 5-43　　　　　　　　　　图 5-44

二、个性鲜明

微课：三角形构图

当一个产品包装拥有与众不同的图形设计时，它就能避开市场上存在的包装"雷同性"现象，从众多竞争品牌中脱颖而出。显然，要想吸引消费者关注的目光，就得将图形设计得个性鲜明。

个性化的图形设计有时需要一种逆向性的表现，它可以是图形本身的怪诞化，也可以是图形编排的反常化，一些看似不太合理的特殊形象以及不太寻常的复合造型，往往可以给人更多思考和联想的空间，在寻常中展现特别的光彩，如图 5-45、图 5-46 所示。

图 5-45　　　　　　　　　　　　　　　　　　图 5-46

图 5-47

三、审美性强

一个成功的视觉设计，其图形设计必然符合人们的审美需求，它带给人的必须是美好而健康的感受，既能唤起个人情感的体验，又能引起美好的遐想和回忆，如图 5-47 ~ 图 5-53 所示。

图 5-48

图 5-49

图 5-50

图 5-51

图 5-52

图 5-53

本章小结

调查显示，图形对视觉的刺激作用远远大于文字，人们对图与字的注意力分别占78%、22%。设计师通常利用图形在视觉传达中的直观性、有效性和生动性将商品的内容及信息传达给消费者，使商品形象具有个性和审美品位，并凭借视觉上的吸引力去打动消费者，引导购买行为的发生。通过本章的学习，读者可以更好地根据设计主题进行图片的设计及应用，此举不仅能够提升页面的视觉吸引力，还能够给消费者留下深刻印象，有利于品牌忠诚度的形成。

课后思考

1. 简述视觉图形的分类。
2. 找出利用具象图形和抽象图形进行店铺首页或产品详情页设计的案例，并对其进行分析探讨。

课后实训

以图形为主，自选一种商品，进行店铺首页或产品详情页设计。

第六章 字体设计

CHAPTER SIX

思维导图

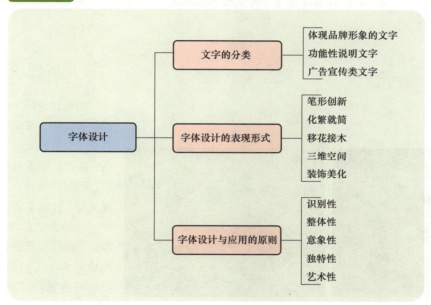

第一节 文字的分类

文字在电商视觉传达设计中的功能可以概括为两方面，一是传达商品的信息，二是进行广告宣传和强化消费者对商品的认知。在此，根据文字的功能性，将其划分为以下三种类型。

一、体现品牌形象的文字

品牌名称、商品名称、企业标识都是代表品牌形象的文字，是传递商品信息最直接的因素，也是设计中的主要视觉表现要素，通常要求精心设计，并将它们安排在主要视觉点。

品牌名称、商品名称的字体设计要符合产品商业性的内在特点，越新颖、越有个性，也就越有感染力，如图6-1～图6-3所示。单调乏味的字体设计往往因缺乏生动性而失去了视觉的可视性。

微课：字体设计

图6-1

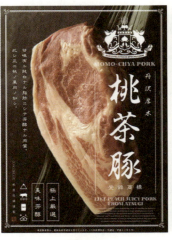
图6-2

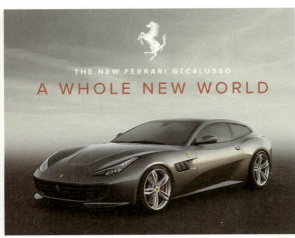
图6-3

二、功能性说明文字

功能性说明文字是对商品内容作出细致说明的文字，其受相关的行业标准和规定的约束，具有强制性。功能性说明文字主要包括：生产厂家及地址、产品成分、容量、体积、型号、规格、用法、用途、生产日期、保质期、注意事项等。

这类文字的字体应简洁明了，不宜花哨，可采用规范的基本印刷字体；其在文字的位置编排上较为灵活，可以安排在版面的次要位置，但要注意编排的整体感，如图6-4、图6-5所示。

图6-4

图6-5

三、广告宣传类文字

为了加强促销力度，有时设计中会出现一些"广告语"，它是宣传商品特点的推销性文字。其内容应该诚实、简洁、生动并符合相关的行业法规，比如"买一赠一""新品上市"等。

这类文字在设计时更为灵活多样，一般可根据需要选择楷体、综艺体、广告体、凌波体等富有变化的字体，甚至可直接采用硬笔手写的形式，使之流露出自然、亲切之感，拉近商品与消费者之间的距离，如图6-6、图6-7所示。"广告语"一般被放置于主要展示面，但视觉效果不能超过品牌形象名称等，以免喧宾夺主。

图6-6

图6-7

第二节 字体设计的表现形式

字体设计作为一种元素，在电商视觉设计中存在着各种变化形式，起到辅助并完善视觉设计的作用。当字体设计与广告画面进行良好的结合时，可以使消费者对产品信息的接收更快速、更深刻，从而记住并购买产品。字体设计的表现形式主要有以下几种。

一、笔形创新

文字设计的第一目标是激发视觉新鲜感，强化形象记忆，促进信息的顺畅传达。笔形创新就是在标准印刷字的基础上，使笔画的形状、长短和方向等发生变化，突破常规的样式，从而创造新的文字形象。

具体设计时要考虑到文字原意、企业性质、产品特点及定位等因素，确定对笔形进行局部变异，构思能够反映各因素特征的笔画样式，并将其应用于整体设计之中。笔形变异要特别注意文字整体风格的把握，变化过多容易形成杂乱无章的状态，如图6-8～图6-11所示。

图6-8

图6-9

图6-10

图6-11

二、化繁就简

有些汉字笔画繁多，易造成设计空间的拥挤，在此情况下可根据文字的结构及设计需要，在保证识别性的情况下，对部分笔画进行删减，构成别致的视觉形态。

化繁就简就是将文字中起装饰作用的笔特征去除，使形态各异的笔画趋于几何化、简约化，从而使文字展现其刚性的结构、纯粹的线条和单纯的视觉观感，表现严谨、内敛的品质性格并给人回味无穷的审美享受，如图6-12～图6-15所示。

图6-12

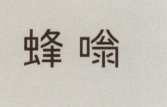

图6-13

三、移花接木

当两种特征不同的笔画连接到一起的时候，便打破了人们对文字的常性认识，使人们在视觉和心理上产生新鲜的感觉，从而激起人们的阅读兴趣。移花接木并不局限于笔画形状差异的同构，还可以将各类图形与文字嫁接，

图6-14

图6-15

包括具象图形、抽象图形，甚至现代影像。

移花接木的手段灵活、形式多样。在设计时，所选择的图形、图像必须与文字的意义及目标诉求、行业、文化属性等因素一致，做到图形联想与文字意义的相似性、关联性。进行字体设计时，图形、图像的处理必须依附于笔画的形状及字体结构，使之能够巧妙地自成一体，而非随便拼接，如图6-16、图6-17所示。

图6-16

图6-17

四、三维空间

在视觉设计中，空间包含二维空间和三维空间。文字是一种二维符号语言，为了追求视觉习惯的突破，增强视觉表现力，设计时赋予文字三维的立体空间感是一种吸引视觉注意力的好方法。

文字的立体化处理，需要对笔画和结构进行规范和整理，依据透视和反透视的原理进行设计。随着软件技术的提高，虚拟三维效果变得更加容易，比如，对立体空间的切割、对空间深度的变化、对矛盾空间的利用等。只有丰富和增强空间的变异，才能突破视觉平淡，增强文字的表现力，如图6-18、图6-19所示。

图6-18

图6-19

五、装饰美化

在文字笔画之外添加图形，或将笔画延伸并与图形接续，或在笔画的虚实空间里填充图形，这些都是装饰性字体的设计方法。

对文字的装饰美化，通常依据字意及要求，利用其他图形、纹理对文字笔画或外形加以修饰，使文字外形突破单纯抽象线条的样式，变得丰满、华丽。在增强其艺术美感的同时，也可以使用图形、纹样填充笔画或字形，使文字具有丰富的视觉形象，做到字、形、意互相映衬，从而增强阅读的趣味性和生动性，如图6-20、图6-21所示。

图6-20

图6-21

第三节　字体设计与应用的原则

文字是人类思想感情交流的必然产物。随着人类文明的进步，文字由简单到复杂，逐步形成了完美而规范化的程式。字体设计与应用的原则主要有五个方面：识别性、整体性、意向性、独特性和艺术性。

一、识别性

文字的主要功能是在视觉传达中向大众传达意念和各种信息，要达到这一目的，必须考虑文字的整体诉求效果，力求给人以清晰的视觉印象，如图 6-22、图 6-23 所示。因此，设计中的文字切忌为了设计而设计，应避免繁杂凌乱，避免使用不清晰的字体，否则容易使读者产生厌烦的情绪。

图 6-22

二、整体性

文字在画面中的安排要考虑到全局因素，不能有视觉上的冲突，否则主次不分，很容易引起视觉顺序的混乱。因此，文案内容的主次，以及主要文字与次要文字之间的字体、字号、位置的对比与协调显得尤为关键。

通常为了丰富画面效果，文字会使用多种字体来呈现，所以字体的搭配与协调非常重要。电商视觉设计中的字体运用不宜过多，否则会给人凌乱的感觉。一般而言，一个设计界面中用三种左右的字体为好，要找出两种字体之间的相对应关系，使之在同一画面中获得统一感。当然，字距与行距的安排、字号的大小、字体颜色的衬托和位置的摆放同样不能忽视，既要有对比，又要和谐，如图 6-24、图 6-25 所示。

图 6-23

图 6-24

三、意象性

意象在文字设计中的应用，关键在于笔形、结构及整体形态是否能很好地反映出其文化属性、行业特征、理念追求以及某种情绪。不同的文字表现手法会带给人们不同的

图 6-25

心理和情感印象，如图6-26、图6-27所示。比如，化妆品选用的字体强调优雅、柔美；儿童用品上的文字应显得乖巧，有卡通感，具有一定的幻想意味。

图6-26

图6-27

四、独特性

文字形态的独特性主要表现在构思的新颖、形式手法的多样化和文化意象的丰厚等方面。除了在笔形及结构方面进行突破外，还可追求表现手段及使用材料的多样化，如采用手写、刀刻、剪纸、拓印、拼贴等。可根据商品的内容和属性，使字体设计具备良好的认知性和审美功能，以体现商品的独特个性和卖点，如图6-28、图6-29所示。

图6-28

图6-29

五、艺术性

在视觉传达的过程中，文字作为画面的形象要素之一，具有传达情感的功能，因而它必须具有视觉上的美感，能够给人以美的感受。字形设计良好、组合巧妙的文字能使人感到愉悦，对之留下美好的印象，从而获得良好的心理反应。

字体本身已经具备形象美感，但若以表达商品特性为前提，还要对文字加以特殊的艺术处理，在符合商品属性特点的前提下，使字体个性鲜明，兼具形式感及美感，如图6-30、图6-31所示。

图 6-30　　　　　　　　　　　　　　　　图 6-31

本章小结

广告设计中的文字是向消费者传达信息的最直接、最有效的途径。人们通过文字来了解商品的名称、产地、性能、使用方法和保质期等，所以字体在广告设计中占有非常重要的地位。广告信息传递的最直接的方式便是文字的陈述和字体的设计。通过本章的学习，读者可以更好地根据设计主题进行字体的设计及应用，字体经过装饰加工后形成的新形象蕴含着更为广阔的意境：有的豪放大气，有的清丽高雅，有的刚劲有力……这些新的字体形象不仅能够传达出文字的含义，还可以呈现与商品特性相关的寓意，带给消费者美的视觉享受。

课后思考

1. 字体设计的方法有哪几种？
2. 找出以字体设计为主的店铺首页或产品详情页设计案例，对其进行分析探讨。

课后实训

以字体设计为主，自选一种商品，对其进行产品详情页设计。

CHAPTER SEVEN

第七章　版式编排设计

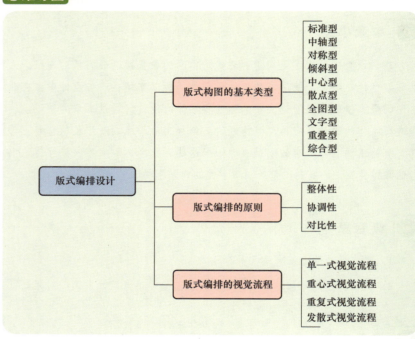

思维导图

第一节　版式构图的基本类型

微课：直线分割01

　　版式设计的主要问题是构图，构图是设计师为了表现一定的思想、意境、情感，在一定的空间范围内，运用审美的原则安排和处理形象、符号的位置关系，使其组成有说服力的艺术整体。不同的版式构图表现出不同的个性特征，传达着不同的情感取向，比如以图形为主体的图片型版式，以文字为主体的文字型版式，或图形、文字混合的图文型版式等。每种构图形式都能带给消费者不同的心理感受。

一、标准型

　　标准型构图是常见的一种基本、简单且规则化的编排类型。图片在版面上方，其次是标题，然后是说明文字与标志图形，如图7-1、图7-2所示。标准型构图能够使版面产生良好的安定感，达到很好的阅读效果，故被广泛地运用于排版设计。

图 7-1

图 7-2

二、中轴型

中轴型构图是指图形或文字沿中轴线排列下来的编排类型，中轴线可以是有形的，也可以是无形的。这种构图稳定牢固，给人挺拔向上、流畅隽永的感觉。在安排构成要素时，可对局部施以微小的变化，以小面积的逆向排列打破其单调、呆板的局面，使版面更有活力，如图7-3～图7-5所示。

图 7-3

微课：直线分割02

图 7-4

图 7-5

三、对称型

对称型构图是一种左右呼应的构图形式，标题、图片、说明文或标志图形分别放在轴心线的两侧，这类编排往往会使人觉得平和安宁、庄重稳定，具有良好的平衡感；同时这类排版也应在平稳中求变化，于单纯中见活泼。对称分为绝对对称和相对对称，一般多采用相对对称手法，以避免过于严谨，如图7-6～图7-8所示。

图 7-6

图 7-7

 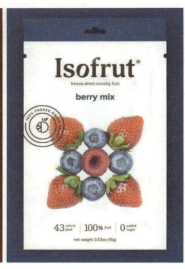

图 7-8

四、倾斜型

倾斜型构图是一种强力有动感的构图形式。当各种要素在版面中以倾斜的方式布局时，会给人以强烈的律动感，它会使版面变得充满朝气。在运用倾斜型构图时要注意两点：一是要注意倾斜的方向和角度，倾斜的方向一般以由下至上比较好，这符合人们的心理需求和审美习惯；二是倾斜的元素能够带来动感，同时也传达着不稳定感，这意味着必须处理好动与静的关系，在不平衡中求稳定。图7-9～图7-12所示为倾斜型构图。

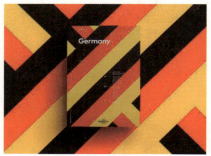 

图 7-9　　　　　图 7-10

图 7-11　　　　　图 7-12

五、中心型

中心型构图是将主要的视觉要素集中于画面的中心位置，四周形成大面积空白的构图方法。这种构图形式能一目了然地突出主体形象，给人以简洁醒目之感，但须讲究中心画面的外形变化，调整好中心画面与整个展示面的比例关系，如图7-13、图7-14所示。

六、散点型

散点型构图将视觉要素在版面上作不规则排列，形成一种随意的、不经心的视觉效果，给人轻松愉悦的视觉感受。设计时要注意结构的聚散布局、各要素间的相互联系，此外，还要使画面不失去相对的视觉中心，如图7-15～图7-17所示。

七、全图型

全图型构图用一张图片占据整个版面，图片可能是广告人物形象或是广告创意所需的特定场景，在图片的适当位置直接嵌入标题说明文字和标志图形，或用开窗形式安排其他构成要素，这是一种具有现代感的构图形式，如图7-18、图7-19所示。

八、文字型

文字型构图是以文字为主体构成版面，图片仅是版面形体和颜色的点缀。这种形式多用在报刊上。文字型构图还可以将部分文字变成美术体，组成字体图案，甚至整个版面都可以用文字作装饰底纹，如图7-20、图7-21所示。

九、重叠型

重叠型构图是多种色块、图形及文字相互穿插、交织的构图方式。多层次的重叠使画面丰富、立体，且视觉效果强烈。要使层次多而不乱、繁

图7-13

图7-14

图7-15

图7-16

图7-17

图7-18

图7-19

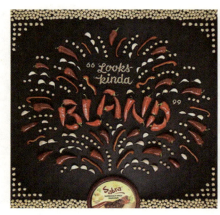 

而不杂，运用好对比与协调的形式原则是重叠型构图的关键，如图7-22、图7-23所示。

十、综合型

综合型构图是没有规则的构图方式，或几种构图方式的综合统一。综合型构图虽无定式可言，但须遵循多样统一的形式法则，使构图产生个性强烈的艺术效果，如图7-24、图7-25所示。

图7-20　　　　　　　图7-21

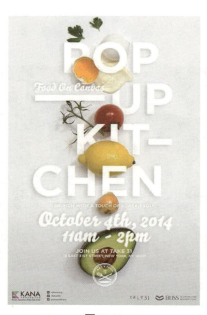   

图7-22　　　　图7-23　　　　图7-24　　图7-25

第二节　版式编排的原则

版式设计的最终目的是使版面具有清晰的条理性，用悦目的编排方式更好地突出主题，使版面达到最佳效果。

一、整体性

在进行构图设计时，设计师需要把握整体性的构成原则，确定一种构图基调，让版面内的各种编排要素都向这一基调看齐，使画面呈现出一目了然的整体感，以求达到最优的视觉传达效果。每一个版式的排列都有其自身原则，采用手法也多种多样，可以是夸张的、比喻的、联想的、幽默的、对比的等,其最终的目的是使画面产生美感,使阅读更方便,如图7-26、图7-27所示。

二、协调性

版式设计的前提是版式所追求的完美形式必须符合主题思想内容。在视觉要素的整体安排中,应紧扣主题,突出主要部分,次要部分则应充分起到陪衬作用,这样各局部的关系就得以协调统一。版面中除了文字,还有其他色彩、图形等,这意味着各元素之间的关系同样需要相互协调,如图7-28、图7-29所示。

三、对比性

按照主从关系的顺序,使放大的主体形象作为视觉中心,表达主题思想。将文案中的多种信息作整体编排设计,有助于主题形象的建立。设计时可运用对比原则,如形的对比(曲直、方圆、大小、长短)、色的对比(冷暖、明暗、鲜浊等)、量的对比(多少、疏密等)、质的对比(松紧、软硬),以及空间的对比(虚实、远近)等,如图7-30、图7-31所示。

图7-26　　　　　　　　图7-27

图7-28

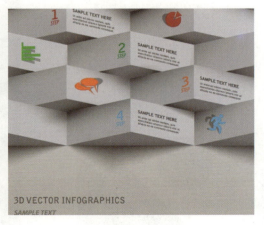

图7-29　　　　　图7-30　　　　　图7-31

第三节 版式编排的视觉流程

视觉流程是视线在画面上的移动过程,即版面上各要素之间组成的主次、先后关系所引导的一种阅读节奏。每个版面都有视觉流程,要想在视觉上有所突破,就得在视觉流程上下功夫。

一、单一式视觉流程

视觉流程的编排要符合人的视觉习惯。单一式视觉流程是按照常规的视觉阅读规律,引导读者的视觉走向,使阅读更加简洁明了。单一式视觉流程主要有以下几种表现形式。

1. 直线式视觉流程

直线式视觉流程分为纵向直线式、横向直线式和倾斜直线式视觉流程三种。

(1)纵向直线式视觉流程。根据版式设计的需要,将设计元素纵向排列,使读者在阅读时视线由上而下,呈纵向视觉流程趋势,如图7-32、图7-33所示。该形式简洁有力,具有稳固画面的作用。

(2)横向直线式视觉流程。在阅读时,读者的视觉流向是水平的,自左至右的。该形式符合传统的阅读习惯,给人一种正规、安定的感觉,如图7-34、图7-35所示。

(3)倾斜直线式视觉流程。这种视觉流程的主要视线停留在左上角与右下角之间,给人倾斜的视觉效果和不稳定的心理感受,如图7-36、图7-37所示。该形式具有强烈的冲击力,能有效吸引消费者的注意力。

2. 折线式视觉流程

折线式视觉流程是指由于设计的需要,按照一种特殊的曲折变化的流程方式设计的版面流程。这种版面流程的秩序

图 7-32

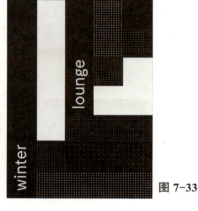

图 7-33

图 7-34

图 7-35

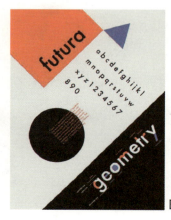

图 7-36

图 7-37

感较强，如图 7-38 所示。

二、重心式视觉流程

人们在阅读时，视线往往从左上角到右上角，再通过中心部分从右上角经右下角，最后回到版面中最吸引视线的中心视觉圈停留下来，这个中心就是视觉重心点，这样形成的视觉流程就是重心式视觉流程。视觉重心有稳定版面的效果，给人可信赖的心理感觉，如图 7-39、图 7-40 所示。

在版式设计中，视觉重心指的就是整个版式中最吸引人的位置，根据每个版面的需要，其位置也不一样。视觉重心偏向不同的位置会带来不同的心理感受，根据版面所表达的含义来决定视觉重心的位置，能更好、更准确地传达信息。

三、重复式视觉流程

重复式视觉流程是把相同或相似的视觉元素重复排列在版面中，在视觉上给人以反复感。该形式能够增强图形的识别性和画面的生动感，形成画面的统一性和连续性，给人以整齐、稳定、有规律的感觉，增强整个版面的节奏韵律。

在完全相同的元素重复时，也要有不同的表现方式，在相同中找差异，在整齐中求变化，这就是重复式视觉流程中的特异视觉流程。采用突破的手法，违反秩序以突出小部分元素来展现画面的趣味感，不但能吸引读者的注意力，还能使整个版面更具生气，如图 7-41、图 7-42 所示。

四、发散式视觉流程

发散式视觉流程是指在进行版面设计时，以点和线作为引导，统一安排

图 7-38

图 7-39

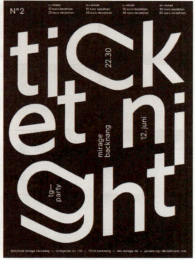

图 7-40

图 7-41

图 7-42

散落在周围的所有元素，使版面充满自由、轻快之感。进行此编排时要注意图片的大小、主次的搭配，同时还应考虑疏密、均衡、视觉方向等因素，引导消费者按照自己的思路阅读整个版面，形成一个整体、统一的画面及视觉流程，如图 7-43、图 7-44 所示。

图 7-43

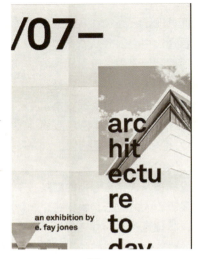

图 7-44

本章小结

版式设计是运用各种构成版面形式的基本要素，参照一定的审美法则，针对产品的特性及内容所进行的组合编排。版式设计的宗旨是提高版面的注意力、传达力、影响力、感染力，提供最佳的信息交流。通过本章的学习，读者可以更好地根据设计主题进行版式的设计及应用，在版面中将所有的基本视觉要素完美和谐地表现出来，带给消费者美的视觉享受。

课后思考

1. 版式构图的类型有哪些？
2. 找出以中轴型构图为主的店铺首页或产品详情页设计案例，对其进行分析探讨。

课后实训

以倾斜型构图设计为主，自选一种商品，对其进行产品详情页设计。

第三篇
电商文案写作

知识目标

1. 了解电商文案的基础知识。
2. 掌握视觉营销同电商文案之间的关系。
3. 掌握电商文案的基本特点。
4. 能够利用九宫图分析法挖掘产品卖点。
5. 能独立进行产品详情页文案创作。
6. 能进行众筹文案创作。
7. 能进行引流图片文案创作。

案例导入

天猫瓷砖背景墙行业的某店铺，通过品牌文案创作对自身的品牌文化进行清晰定义。通过将精美的文案和优秀的视觉设计相结合，使店铺店招视觉营销作用最大化。如下图所示，文案"背景墙整体定制，每幅背景墙都有好故事，5年品牌12年厂家"，对店铺进行了很好的定位，让消费者进店就能清楚店铺是做什么的、店铺的资质如何，这样能快速提升消费者的信心。

在淘宝网站搜索"瓷砖背景墙"这个关键词，出现的搜索情况如右图所示，可看到某店铺的引流图片文案"送配套边框，满3 888元即可""100元优惠券，满4 999元使用"，其通过促销文案的创作，使该店铺的产品在同类产品中更具有吸引力，从而提升该产品的点击率。

根据上面的搜索结果进入店铺，可看到下图所示详情。因详情图片过多，本书截取部分图片进行展现。详情中有关联商品文案、促销文案、品牌介绍文案、买家须知文案、卖点展现文案、工艺文案、设计文案等十多种文案。可以说产品详情页的文案形式多样、内容丰富，是整个电商文案中最难创作的部分。

通过上述案例，可以看到文案和图片融为一体，在店铺的各个角落都可以看到，甚至有文案的地方不一定有视觉图片。可见文案对于店铺销售有着非常重要的作用。本篇将讲解文案的基础知识以及不同文案的创作技巧。

第八章 电商文案与视觉营销

CHAPTER EIGHT

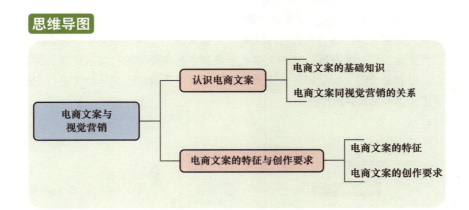

第一节 认识电商文案

一、电商文案的基础知识

1. 电商文案的基本概念

"文案"一词来源于广告行业,是"广告文案"的简称,由 Copy Writer 翻译而来,多指以文字进行广告信息内容表现的形式,有广义和狭义之分。广义的广告文案包括标题、正文、口号的撰写和对广告形象的选择搭配;狭义的广告文案包括标题、正文、口号的撰写。电商文案主要是指软文标题、正文的撰写,品牌故事的编写,店招文案、产品详情文案的撰写和卖点提炼,引流图片文案的撰写等电商文字工作的统称。

2. 企业对文案岗位的需求

随着电商行业越来越完善,电商团队精细化分工已经成为趋势。电商企业发展之初,视觉设计和文案并没有分工,店铺视觉设计和文案通常由美工或设计师自己完成,而如今大部分电商企业已经将电商文案岗位独立出来,可见文案在视觉营销中的重要性已引起越来越多企业的重视,企业对文案岗位的需求也明显增多。图 8-1 所示是取自 51job 的招聘数据。

3. 文案的表现形式

现代人的生活每时每刻都在被电商的营销文案渗透,这些营销文案甚至经常影响人们的决策,使人们为冲动型消费埋单。文案作为一种推销手段,在现实中需要阐述清楚产品销售的利益点,让消费者产生信任,还要对消费者进行引导,替消费者作出决策。互联网广告的形式多样性也成就了电商文案的多样性。

(1)引流图片文案。引流图片文案主要是指用于引进流量的文案。引流图片文案的好坏直接决定了在相同展现下获取更多访客的能力。以某帆布鞋的引流图片文案为例,以"会呼吸的帆布鞋"为文案,引发消费者的点击兴趣,如图8-2所示。当然引流图片文案除了主图和推广图片中的文案外,还有标题、短信等文案,本章主要讲解与视觉营销有关的文案,其他形式的电商文案不作详细描述。

(2)活动及促销文案。活动及促销文案的目的很明显,其创作往往要击中要害,在活动中能真正促进销售。活动及促销文案在创作时一般都是直接引用活动策划方案主题。比如活动策划中的内容为"9.9元包邮",那么在促销的文案中直接体现"9.9元包邮"这一主题,如图8-3所示。

(3)详情页文案。详情页文案作为最重要的推销文案,对于促成销售有着非常大的帮助。详情页文案包含的内容有关联商品文案、促销文案、品牌介绍文案、买家须知文案、卖点展现文案、工艺文案、设计文案等,这些文案几乎涵盖了店铺所有的文案。详情页文案需要尽量罗列产品的优点,好的详情页文案犹如一位优秀的销售员,消费者浏览完毕即可进行自助下单。第九章将会重点讲述详情页文案的创作技巧。

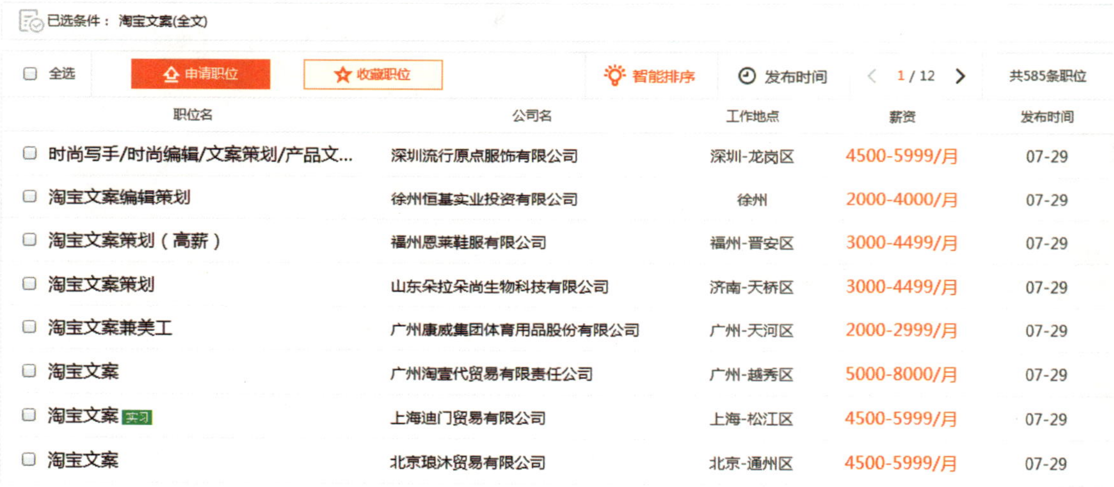

图 8-1

图 8-2

图 8-3

二、电商文案同视觉营销的关系

1. 电商文案同视觉营销密不可分

了解电商文案和视觉营销之间的关系，对于提升视觉营销的整体水平具有重要意义。视觉营销和文案是一个硬币的两面，是相互联系、密不可分的，是融为一体的，营销用户不会单纯地只用视觉营销或只用文案。Jeffrey Zeldman 曾经说过这样的话："内容先于设计。没有内容的设计不是设计，是装饰"。

2. 电商文案视觉化

在互联网时代，无论是基于 PC 还是基于无线端的浏览，其基本物理载体都是显示屏，通过显示屏来进行产品的展示成为最主要的方式。人类在事物的认知方面，相对来说，对"视觉化"的事物印象会更加深刻，所以文案的呈现一定要走视觉化之路，这样才有可能打动消费者，从而促进点击、浏览、购买。

第二节 电商文案的特征与创作要求

一、电商文案的特征

随着互联网多媒体技术的发展，视频、图片、声音使文案的表现日益丰富多彩，互联网给了电商文案无限的创意空间。

1. 快餐性

文案犹如快餐，讲究的是快速。依附短期流行元素进行创作，进而完成交易，是其最终目的。在进行文案创作的过程中，不注重深厚积累和内在价值，有些创作甚至简单粗暴。例如，促销文案经常使用"满就送""0元购""一元秒杀"等词句，这样的文案需要直接切中利益要害，瞬间抓住消费者的眼球。

2. 及时性

基于互联网传播的文案需要紧贴实时热点，利用最新的实时热点进行文案创作。杜蕾斯作为互联网借势营销的标杆，其将产品同实时热点结合的能力值得很多进行文案创意的人学习。例如，在杜蕾斯鞋套事件中，杜蕾斯将其产品同北京暴雨相结合，利用微博进行快速传播，该次文案及创意分文不花却达到了央视黄金时间段的广告投放效果，如图 8-4 所示。

图 8-4

3. 效果可数据化衡量

与传统的媒介广告文案到达率相比，电商文案效果的测算要简单得多。受众对每一条推送文案的点击率，以及在点击后的实际购买率，包括受众查阅信息的分布范围和时间、受众群体细分、流量习惯都可以通过数据统计出来，所以文案的效果可以采用标准化数据来衡量，这是电商文案的一大特点。

二、电商文案的创作要求

1. 语言要求精练生动

由于图片尺寸的限制，电商文案的语言要求精练生动，而营销业界推崇的"6秒法则"认为，通常打动消费者的时间只有6秒，所以如果没有足够的吸引力是无法快速引起受众的注意的。例如"这个价 我们只敢卖1天"，让消费者有时限紧迫感，如图8-5所示。

图 8-5

2. 文案与视觉图片高度融合

在店铺视觉营销中，文案主要是服务于视觉图片的，所以利用视觉技术让文案产生视觉效果，利用字体大小、字体颜色、字体变化等来增加信息传播的趣味性和表现力，起到画龙点睛的作用。

3. 文案用语的选取要增强认同感

根据不同的兴趣爱好，电商可以把受众高度细分，因而在针对目标受众诉求时，运用受众所熟悉的语气、词汇会增强认同感。在电商文案用语的选取过程中，流行的网络用语成为首选。

4. 创意独特

了解了电商文案的重要性，就要以更高的行业标准来要求自己，针对产品打造具有独特创意的卖点。创意不难寻，它就隐藏在日常生活中。善于观察事物，发现其独到之处，点滴累积，终归会有收获。

5. 真正结合产品创作

只有真正结合产品，分析产品的定位（消费者群体、产品的特质），才能更好地利用文案向客户展现产品。转换角色，站在客户的角度思考、归纳产品的特色和利益诉求点，消费者才会乐于阅读文案，才会想了解产品，最终接纳产品。

6. 参透目标客户的需求

客户一般有着固有的消费行为和模式，当一个客户进入店铺时，利用文案向一个根本不了解产品的人推销产品是没什么作用的。客户选择进入店铺，必然是带着难题来的，参透目标客户，站在客户的立场思考客户所面临的难题，帮助客户解决难题，客户会认为卖家知道他（她）想要的，卖家是为他（她）着想的，卖家能帮到他（她），心里必然产生共鸣，这样客户还有什么理由不购买产品呢？

7. 让客户采取行动

如果电商文案解决了客户所面临的问题，那就大胆地让客户采取行动吧！记住，撰写强有力的电商文案，首先应站在客户的角度尽可能地挖掘情感和欲望，一定要结合实际，真实具体，而不是空洞地渲染，把产品和客户的问题恰到好处地融合在一起，就能获得更多客户。

本章小结

本章对电商文案的基础知识进行了讲解，让读者了解了什么是店商文案以及企业对店商文案的需求状况，利用企业的真实招聘数据使读者了解这个岗位的现状。本章介绍了电商文案的表现形式及电商文案同视觉营销之间的关系，为读者在今后的工作中处理二者之间的关系打下了良好的基础。本章还对电商文案的特征进行了解析，掌握了其特征，今后就更容易创作出优秀的电商文案。

课后思考

在51job网站上对以下岗位进行招聘信息查询，了解这些岗位的技能要求和任职资格：淘宝文案、店铺文案、微营销文案、网站文案。

课后实训

自选淘宝或者天猫的任意3个类目，对其TOP5的店铺进行文案赏析，并写1 000字的赏析心得。

第九章 电商文案的写作技巧

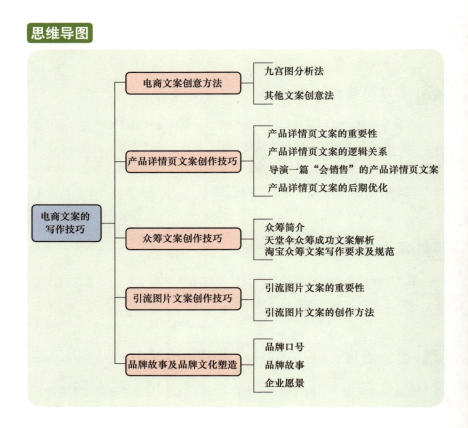

第一节 电商文案创意方法

一、九宫图分析法

九宫图分析法是一种有助于扩散性思维的思考策略，即利用一幅九宫图，将主题写在中央，然后把由主题所引发的各种想法或联想写在其余 8 个格内。其优点是由事物之核心出发，向 8 个方向去思考，提出 8 种不同的创意，如图 9-1 所示。

在海报和推广引流图中，产品的卖点不要超过 3 个。进行海报和推广文案创意的时候可以利用九宫格加上数据化视觉营销管理来进行创作（本书第五篇将介绍数据化视觉营销及管理），通过搜索数据找出消费者最关心的卖点，进行提炼组合。下面以遮阳伞文案创意为例具体介绍九宫图分析法，其最终创意如图 9-2 所示。

图 9-1

图 9-2

首先利用九宫图将伞的卖点进行扩散，选取任意工具画出九宫图，在中间那格中填上产品名。接下来，在其他 8 格中填上可以帮助此商品销售的众多优点，如图 9-3 所示。这是强迫创意产生的简单练习法。

从卖点扩散来看，产品的功能主要是遮阳、防晒；材质方面的优点主要是材质很轻；设计方面的优点是便携、一键开收；促销价格的卖点在于下单送墨镜；受众群体主要是女性。推广图片和引流图片的卖点不能太多，需要在最短的时间内引起消费者的兴趣，卖点太多相当于没有卖点。这个时候就需要用数据分析方法去分析目前消费者最关注的几个卖点，将这些卖点进行组合，就可以形成该产品的推广文案。电商研究消费群体关注的点，有很多工具，例如百度指数、淘宝排行榜、360 指数、淘宝生意参谋的市场行情（需要付费），利用这些工具可以得到消费人群的一些特征。以淘宝排行榜为例，可以看出销售较好的产品及搜索热度较高的关键词，如图 9-4 所示。

图 9-3

图 9-4

二、其他文案创意法

1. 型录要点衍伸法

这种创意法是把该商品型录上的商品特点照抄下来，然后对每个要点加以衍伸。如果不愿加以衍伸，照抄型录商品卖点也可以，但文字会比较没有滋味，说服力会稍差。

2. 三段式写作法

这是仿新闻学中的"倒三角写作法"。第一段，精要地浓缩全文的销售话术，因为多数人都没耐心看全文。第二段，依照型录要点衍伸法，逐一说明该商品的众多特色。到底是使用点列式还是撰写一段长文章，要看文字功力。若文字功力欠佳，点列式写出卖点即可。最后一段是"钩子"，主要任务是要令消费者"Buy Now"，所以一般是强化商品的独特卖点（Unique Selling Point，USP）、价格优势或赠品。

3. 思维导图文案创意法

思维导图文案创意法的特点如下：

（1）注意的焦点清晰地集中在中心词或中央图形上。

（2）主题的主干分出分支，从中央图形向四周放射。

（3）分支由一个关键的图形或关键词（卫星词）构成，相关的话题也以分支形式表现出来，附在更细的分支上。

（4）用文字搭架闪光点加入图形。图文互补，尽量准确地捕捉联想闪光点。

思维导图文案创意法的具体步骤如下：

第一步：放射性联想。确定中心概念后，快速地在这个词四周的引线上写出前数个联想的单个关键词，不能停下来选词，要把进入脑海的第一个词写下来，这一点很重要，不要管这些词是否荒诞，这往往是打破旧的限制习惯的关键。要创造充分的"自由联想"的环境、过程。

第二步：深入联想。在写下的数个词当中的任何一个词中找到进一步的联想，把这个词作为卫星词，再作放射性联想。按照其放射的本质，每个加到思维导图上的关键词或图形都可以自成一体地产生无穷多的联想。常见的"联想"有逻辑联想和形象联想。

第二节　产品详情页文案创作技巧

一、产品详情页文案的重要性

作为产品详情页的重要组成部分，产品详情页文案赋予了产品详情页灵魂，对于买家购买决策起着重要作用。转化率是衡量店铺良性运营的重要指标之一，产品详情页文案对于转化率的提升尤为关键。在进行电商运营的过程中，转化率是企业每天必须进行分析和总结的一项指标，而如何提升店铺的转化率也是电商运营首先要解决的事情。

二、产品详情页文案的逻辑关系

产品详情页优化属于店铺装修内功之一，创作产品详情页文案并不是简单地写一些广告语，而是要像写剧本一样，详细地规划产品详情页的布局，并且要遵循其逻辑关系。

1. 品牌介绍

在产品详情页文案中，品牌介绍有助于提升消费者对产品品牌的认知，增强消费者的信心。在品牌介绍中，只需要将企业的理念、企业简介、企业发展历程以及企业获得的荣誉进行简单介绍即可，如图9-5～图9-7所示。

图 9-5

图 9-6

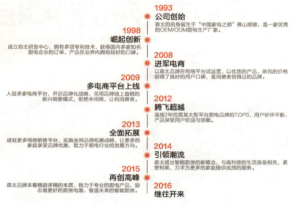

图 9-7

2. 促销优惠

在撰写促销优惠文案的时候，需要清晰地传达利益点，而促销优惠文案往往源于活动策划方案。如图9-8～图9-10所示，"首名付款 享半价特权""前5名送高端烤箱"等即促销优惠文案。

3. 了解消费痛点，激发目标客户的需求

目标客户群的定位可以细分为很多维度，例如，针对性别的定位除了包含男人、女人、中性、儿童、情侣外，不同的组合会有不同的定位，而除了性别外还有年龄、职业、生活、工作场景等不同的定位维度。围绕目标客户群体的需求进行文案创作以激发目标客户群体的潜在需求是文案需要完成的首要任务。在目标群体的众多需求中，要抓住消费痛点进行放大。图9-11、图9-12所示的案例，利用现代人对健康的重视，通过餐具二次污染、聚会时病菌传播、冲刷不能彻底解决细菌残留问题、其他病菌通过餐具来到身边等描述充分将需求扩大，抓住消费者的痛点，引起消费者共鸣，使消费者不得不购买。

图 9-8

图 9-9

图 9-10

4. 卖点提炼及优化

前文详细阐述了如何利用九宫图分析法进行文案创意，产品详情页的卖点提炼也可以应用九宫图的方法。如今电商同质化严重，卖点的提炼成为展现产品差异化的关键。产品详情页的卖点文案同引流图片不同，需要从不同的角度，尽可能全面地将产品的优点展现出来，也就是说，在产品详情页的文案中展现的优点越多越好，当然这些文案肯定是基于产品的基本情况来创作的，不能无中生有、生编硬造，这样有可能引起实物与描述不符，导致买家投诉。如图 9-13 ～图 9-15 所示，某品牌的消毒柜在进行卖点提炼时分为五大功能卖点、七大技术卖点、工艺卖点、材质卖点、核心技术卖点等，这些卖点往往可以从公司的产品研发部门、产品设计部门等获取，将这些技术卖点用文字优化后，便可用于产品详情页文案。

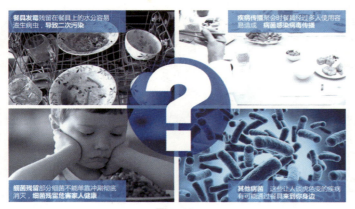

图 9-12

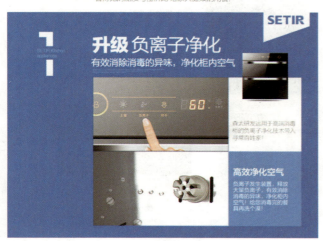

图 9-13

图 9-14

5. 给客户一个购买的理由

产品的使用价值往往是客户购买的理由之一，对于犹豫不定的客户群体，给客户一个购买的理由非常关键。"送父母""送妻子""送恋人"等需求成为客户购买的理由，在产品详情页文案中要尽量体现，如图9-16所示。

图 9-15

图 9-16

6. 购物须知

购物须知需要说明发货的时间与物流过程，这部分文案需要根据企业自身的情况结合平台电商的规则要求进行创作。图9-17所示为森太电器的购物须知文案。

以天猫规则为例，延迟发货，是指除特殊商品外，商家在买家付款后实际未在72小时内发货，或对定制、预售及其他特殊情形下另行约定发货时间的商品，商家实际未在约定时间内发货，损害买家购买权益的行为。商家的发货时间以快递公司系统内记录的时间为准。延迟发货的，商家需向买家支付该商品实际成交金额的30%（金额最高不超过500元）作为违约金，该违约金将以天猫积分的形式支付。存在以下情形的，天猫不强制支持赔付，由买卖双方自行协商确定：

（1）滥用延迟发货规则发起赔付申请的。

（2）经新闻媒体曝光、国家行政管理部门通报或经淘宝排查发现，商品本身或信息涉嫌违法违规的，为保障消费者权益，天猫要求商家立即停止发货的。

图 9-17

三、导演一篇"会销售"的产品详情页文案

产品详情页文案的规划犹如导演一部电影一样,需要根据不同的产品选择不同的场景,根据卖点的不同选择的道具也有所区别。产品详情页文案不是一条简单的广告语,而是一部经过精心导演的具有销售能力的"促销大片"。

在产品详情页文案的创作中,促销和关联营销可以放置在前面。比如对于性价比高的产品,产品在详情页文案中经常作的促销是"前1 000名半价,卖完涨价";之后可以介绍产品的卖点,然后展现商品场景,分析价格优势,打消客户关于质量问题的质疑,亮出企业品牌实力;紧接着展示买家评价、买家秀、销售数据等,进一步增强消费者的信心,然后再使用一些催单的小技巧,如"送朋友""送父母",描述一个美好的场景;然后再增加一个打消消费者顾虑的页面,如"朋友不喜欢、家人不喜欢、宠物不喜欢,各种不喜欢,均可无理由退货,购物零风险",这样消费者还能不购买吗?最后再加上"宝贝都是精心包装,快速发货"。这样一个页面的整个逻辑就是一个导购的营销过程。

广告语在产品详情页文案中力求精简,标准就是一屏主要有一句简短的文案,解决一个问题。主题广告语下面可以配合小的说明文字,其主要是起到在排版上装饰美化的作用,客户基本上很少详细阅读。很多时候卖家都对自己的产品很有信心,感觉自己的产品优点太多了,恨不得整个页面上都是产品的卖点,哪种优点都不想舍弃。其实把各种优点写得很详细,消费者一是没有耐心去看,二是看完之后发现这个产品好像也没有什么突出的优点,这是很难吸引消费者的。

四、产品详情页文案的后期优化

产品详情页文案设计好以后并非一成不变。第五篇会讲解如何利用数据分析产品详情页存在的问题,进而将产品详情页优化到最好。在没有进行数据分析前,主要从以下几个方面来判断:对于来自客户的评价,若它是详情描述出现偏差而引起的误会,这个时候需要客户服务部门建立一套统计机制,发现问题立刻进行检视,如果是详情问题,可以要求设计部门立即更换;对于消费者集中反映、经常提出的问题,需要将其添加到产品详情页中加以解决。对于经常进行促销活动的店铺,产品详情页的优化也不用太过复杂,只需要增加或替换活动信息即可。

当然产品详情页不能解决一切问题,例如产品本身存在的问题产品详情页就不能解决,所以将产品做到极致是商家和店铺要重视的问题。

第三节 众筹文案创作技巧

一、众筹简介

众筹翻译自 crowdfunding 一词,即大众筹资或群众筹资。其由发起人、跟投人、平台构成,具有门槛低、形式多样、依靠大众力量、注重创意的特征。店铺众筹广泛存在于淘宝和京东等平台,很多创业者都希望众筹一笔资金完成创业的初步梦想,而要想众筹成功,写出极具吸引力的众筹方案尤为重要,这关系着投资者能否被打动,从而提供资金来支持创业者。本节将以淘宝为例讲解撰写众筹文案的方法。

二、天堂伞众筹成功文案解析

给忠实粉丝的最好回报就是，用最好的产品回报粉丝的耐心等待，所以将"终于等到你，还好没放弃"作为引流图片文案。该文案除了感谢消费者的等待以外，还能给消费者带来一丝惊喜；通过对天堂手工竹语伞的工艺和文化的说明，让人们对其文化有了了解和认识；利用技术的创新以"变色伞"这个概念引发消费者的强烈的兴趣；以技术为核心展现产品的技术实力，增加了消费者的消费信心；通过支持的描述和回报的设置让人们为其梦想埋单，如图9-18～图9-23所示。清晰的思路、优秀的文案和视觉设计使该产品的众筹非常成功，众筹目标只是50 000元，而实际达到了14万多元。

图9-18

图9-19

图9-20

图9-21

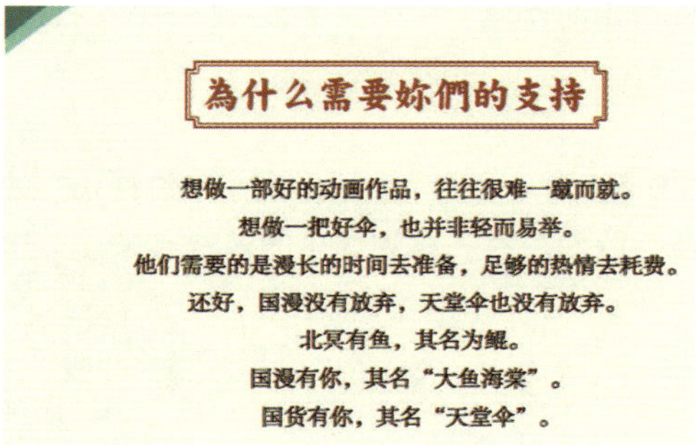

图9-22

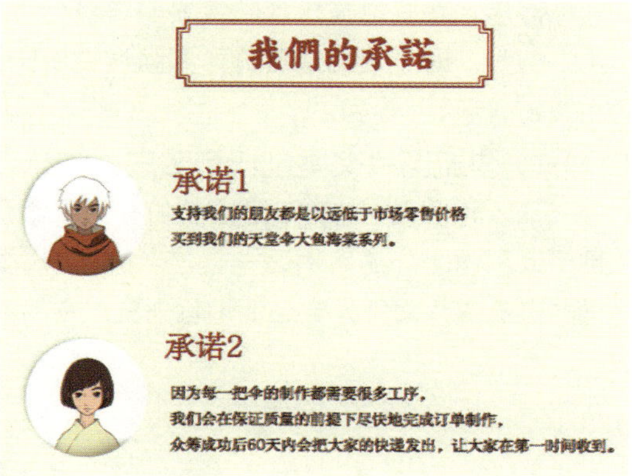

图9-23

此众筹能如此成功的具体原因有以下几点：一是该众筹发起人能充分理解众筹的含义，并没有将众筹当成卖货、促销的场所，切记众筹文案不能有太强的销售目的，不然审核时不会通过；二是众筹中心事件突出，只为做一件事情，那就是"做一把好伞"；三是希望人们群策群力，一起实现这个梦想。

三、淘宝众筹文案写作要求及规范

淘宝众筹文案写作要求如下：

（1）关于我。向支持者介绍自己，以及自己与所发起的项目之间的背景。这样有助于拉近自己与支持者之间的距离。建议不超过 100 字。

（2）我的项目介绍。以图文并茂的方式简洁生动地说明自己的项目，让支持者一目了然，这是决定支持者是否继续浏览项目的关键因素。

（3）为什么需要您的支持。阐述说明项目的特色、资金用途以及请人们支持的理由。这会让更多人关注和支持。建议不超过 200 字。

（4）我的承诺与回报。让人们感到发起者对待项目的态度，激励发起者将项目运作成功。同时以图文并茂的形式展示发起者为支持者准备的回报，以吸引更多的人关注、支持项目。

在实际操作中，可不必拘泥于以上格式建议，只要清晰明了地展示项目即可。有差异化并且创新的项目介绍，能吸引更多人支持项目。

第四节 引流图片文案创作技巧

一、引流图片文案的重要性

对于任何店铺而言，在相同的展现情况下，引流图片文案是决定店铺流量的主要因素之一。店铺的流量不仅同产品的排名、展现有关，同引流图片的文案更是密切相关。所以，从某种程度来说，引流图片文案影响了店铺的销售业绩。

二、引流图片文案的创作方法

引流图片文案作为消费者接触产品的第一元素，需要更直接地明确其创作目标。引流图片文案的创作目标就是让消费者直接进行点击，进而产生收藏和购买行为。在文案创作的过程中，一定要紧抓需求，在紧抓需求前一定要明白目标客户群体的范围。对于不同的目标客户群体采用不同的方法，例如，对于低端消费群体要强调性价比，甚至运用低价策略；对于中高端消费群体要强调品质和购物感觉。

1. 引流图片文案创作方法之以利诱之

"以利诱之"的方法适合低价、做促销活动的商品的文案创作。图 9-24 所示的"半价秒杀"就是"以利诱之"的案例之一。"半价秒杀"的文案使利益点鲜明，对于喜欢优惠的消费者来说，这样的引流图片文案肯定是他们首先要点击的。

图 9-24

"买就送"促销文案也经常应用于引流图片文案创作中,对于滞销产品的搭配销售来说,"买就送"这样的促销文案的帮助是很大的。例如图 9-25 所示的"59 元起送腰包",其利益点也非常清楚,能直接触及消费者的内心,引发较大的点击量。

图 9-25

2. 引流图片文案创作方法之以数示之

以数字展现店铺的销售实力,这样更容易引起消费的"羊群效应"(也叫"从众效应",是指人的观念或行为由于真实的或想象的群体的影响或压力,而向与多数人一致的方向变化的现象。其表现为对特定的或临时的情境中的优势观念和行为方式的采纳,以及对长期占优势地位的观念和行为方式的接受。人们会追随大众所同意的,将自己的意见默认为否定,且不会主观上思考事件的意义)。图 9-26 中有三张主图都利用数字进行文案创作,一家是"本店已爆售 14 561 台",一家是"爆款热销 9 000 台",一家是"热销万台"。这样的文案在进行创作时务必要做到文案数据和真实销售数据相符,如果实际销售数据同文案数据差异太大,不但不会促成交易,还会适得其反。

图 9-26

3. 引流图片文案创作方法之以情动之

情感营销是从消费者的情感需要出发，唤起和激起消费者的情感需求，诱导消费者心灵上的共鸣，寓情感于营销之中，让有情的营销赢得无情的竞争。在情感消费时代，消费者购买商品所看重的已不是商品数量的多少、质量的好坏以及价钱的高低，而是一种感情上的满足，一种心理上的认同。情感营销方法作为经久不衰的方法之一，长期以来无论在线上还是线下销售中都得到了充分的利用。进行情感营销就是要抓住消费者的心理弱点，如图 9-27 所示。

图 9-27

第五节 品牌故事及品牌文化塑造

一、品牌口号

品牌口号的定位需要直接针对消费群体，既要具备说明性，又要朗朗上口，能让人瞬间记住，触动受众的内心并能产生一定的共鸣。如本篇案例导入中提到的店铺，其以"每幅背景墙 都有好故事"为品牌口号，不仅能让受众群体轻松记住口号，还能将墙文化、故事文化植入消费者脑中，引起消费者的共鸣，如图 9-28 所示。

图 9-28

二、品牌故事

"玖玖鱼"品牌由道家阴阳太极图演变而来，寓意长远、内涵丰富，又富有气韵与律动之美，通过故事形式讲述了一个品牌，如图 9-29 所示。"讲故事"是一种独特的传播手法。通过"讲故事"来传播品牌文化的最大优势就是让消费者陶醉于故事之中，让故事来吸引消费者，让故事来感动消费者，让消费者很自然地认知和认可故事背后的品牌文化。赤裸裸地大肆宣传容易引发消费者的抵触情绪，"讲故事"这种独特的传播手法更能够打动消费者，能够取得较好的传播效果。

图 9-29

三、企业愿景

企业愿景体现了企业家的立场和信仰，是企业最高管理者头脑中的一种概念，是这些最高管理者对企业未来的设想，是对"我们代表什么""我们希望成为怎样的企业"的持久性回答和承诺，如图 9-30 所示。

愿景 打造有文化品味的装修风格,为客户整体定制有特色的家居装饰。

图 9-30

◉ 本章小结

本章对电商文案创作的技巧进行了比较全面的介绍,包括文案创意的方法、引流图片文案写作的具体方法、产品详情页文案写作的方法、众筹文案成功案例的分析、品牌故事及品牌文化的塑造。通过对这些知识的全面学习,读者能具备完成电商文案工作的能力。

◉ 课后思考

1. 任选题材对引流图片(直通车、主图、钻石展位)的文案进行创作。
2. 任选题材完成某产品详情页的文案创作。

◉ 课后实训

自选淘宝店铺作一次众筹。

第四篇
网店装修基础

知识目标

1. 了解买家浏览路径与消费行为。
2. 了解买家收藏和购买行为的因素。
3. 认识淘宝店铺装修后台。
4. 进行淘宝后台装修实践。
5. 掌握网店装修技巧。
6. 掌握引流渠道图片的设计与优化。

案例导入

  网店装修是店铺运营中的重要一环,店铺设计的好坏,直接影响顾客对店铺的印象。因为网络购物者只能通过网店中的文字和图片来了解产品,所以一个好的店铺装修能增加买家的信任感,而网店装修是提高产品附加值和店铺浏览量的重要手段。

第十章 网店装修基础知识

CHAPTER TEN

思维导图

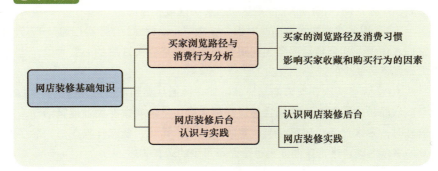

第一节 买家浏览路径与消费行为分析

你真的了解买家吗？你思考过他们的浏览路径、消费习惯吗？哪些才是他们真正感兴趣的最佳页面及页面位置？他们关注和点击了哪些你投放的广告呢？哪些页面让他们心生反感而关闭？什么因素会驱使他们关注你的店铺和产品，甚至产生收藏、购买的行为？他们对店铺的消费体验、评价以及优化建议又是怎样的？

一、买家的浏览路径及消费习惯

淘宝网因为其种类丰富的商品、安全便捷的支付方式与良好的购物环境吸引了众多买家。八成以上的商品调研买家表示"会习惯性地到淘宝上逛逛"，有明确购买需求的买家不足调研人数的一半，大多数买家是"查找感兴趣的商品或促销商品"，而这类买家"查我"的过程也就是卖家的商机所在。

1. 买家的浏览路径

买家上淘宝网主要有三种浏览习惯，分别是：点击首页的广告/促销活动；先逛首页，点击感兴趣的内容或产品；上淘宝网后直接搜索，在商品搜索结果中挑选。

（1）筛选条件。买家在挑选商品的过程中习惯使用的筛选条件有：正品保障、如实描述、7天退换等。经常使用"正品保障"的买家占大多数，淘宝买家非常重视所选商品的质量。买家习惯使用的筛选条件还有"限时打折"与"秒杀"，这样能选择出性价比较高或价格较便宜的商品。

（2）排序习惯。买家在挑选商品的过程中，习惯使用的商品排序为"按销量从高到低"，其占比达53.2%。这也是很多商家选择"单品制胜"的理由。价格、信用、销量组合的"综合"排序排第二，然后依次是"价格从低到高"与"信用从高到低"，占比均在四成以上，使用这种筛选方式的买家既要求性价比，又需要有销售量作支持。综合前四位筛选条件，可见"销量""价格"和"信用"是买家首要考虑的三个因素。

（3）口碑关注。一般情况下，在由淘宝网提供的购物推荐信息中，口碑是人们最看重的因素，其关注度高达78%；其次是热销、高人气以及多优惠的产品，它们也有六成以上的关注度。目前看来，促销活动仍是淘宝网上消费者期待的推荐信息，热卖单品和畅销榜次之。消费者对"掌柜热卖"的期望程度接近40%，处于中等水平，尚有很大的提升空间。

2. 买家的消费习惯

大部分买家在淘宝网上浏览时，查询信息、查找商品是他们的主要动作，于是淘宝网上的互动活动、广告活动、推广信息的触达机会和关注度相当高。

（1）很多买家在挑选商品时都会在意"正品保障""如实描述""7天退换"这些项目，可见卖家加入消保、加强售后服务、保障商品质量是增强关注度的必要手段，也是提高销售转化率和买家忠诚度不可缺少的运营手段。

（2）大多买家在搜索商品时，习惯按销量从高到低搜索，建议卖家打造部分热销商品来吸引买家，从而带动店铺总体的销售量。还有半数以上的买家在关注促销活动、热卖单品、畅销版等推荐信息时，要求产品口碑好、有优惠、人气高。可见，卖家作推广时，除了投放常规的硬广告以外，参加平台活动、进行定期促销也是必不可少的运营手段。

二、影响买家收藏和购买行为的因素

买家的收藏、购买行为直接决定了卖家店铺的收藏率、转化率、重复购买率，了解影响买家收藏店铺、商品以及购买行为的因素，对症下药，可帮助卖家更好地运营店铺。

1. 买家收藏商品和店铺的考虑因素

买家收藏商品和店铺的考虑因素主要有商品质量好、价格便宜、消费者评价好，卖家信用级别高，卖家服务态度好。

（1）成交量。成交量不一定要很高，但是必须有一定的成交量，因为成交量是商品受欢迎程度以及质量的体现。

（2）商品描述。商品描述必须详细真实，有参考价值，让买家对商品有全面了解。

（3）评价。好评率以及差评的内容是买家关注的焦点，差评的内容有参考价值是因为买家需要考虑其他买家对此商品或店铺不满意的地方自己是否能够容忍。

（4）图片。图片是否实物拍摄是买家的一个重要关注点，那些复制的照片易引起买家反感；掌柜自拍的一些实物照片能引起买家的好感；同时，是否有细节图片也很重要。

（5）价格。价格要优惠。

（6）卖家的信用。卖家的信用级别不一定要很高，但是信用高对买家来说是一个保障。

（7）店铺装修。店铺并不一定要很华丽，但是要有一定的装修，分类清楚，商品图片清晰。相对而言，学生会关注店铺的装修，好的装修会吸引他们的注意力。

（8）上新频率。上新频率是服装、箱包等店铺被收藏后的一个考察因素，如果收藏后，买家发现上新频率很低，已经满足不了需求，就会将其从收藏的店铺中删除。

除上述因素外，不同类目的商品，决定买家收藏和购买的因素也不同：对于食品/饮料，买家倾向于因好友推荐而收藏；对于化妆品，买家会因为重复购买而收藏；对于母婴用品，买家倾向于为储备而收藏；对于文具用品、项链等饰品，买家会因为款式多样而收藏；对于女装、家居用品、箱包、鞋帽，买家更倾向于收藏消费者评价好的商品与店铺；对于家电，买家更倾向于收藏卖家的态度与售后服务好的商品或店铺。

2. 买家购买商品的考虑因素

商品评价的好坏是影响买家购买决定的首要因素，近八成的买家表示其会影响购买决定。五成以上的买家表示影响购买的因素有：商品评价、商品描述、卖家信用、卖家的服务态度、售后服务、促销活动。理性消费型买家多因商品评价好而购买；冲动易购型买家多因商品描述详细而购买；时尚个性型买家在购买时受店铺的月销量、卖家态度与良好的售后服务等的影响比较大；奢侈享受型买家更多受店铺装修精美的影响而决定购买。项链等饰品的常规买家往往因为店铺进行促销活动而购买；母婴用品与箱包的常购买家多因为商品描述详细、有足够的细节图而决定购买；化妆品的常购买家则多因为商品评价好而选择购买；家电等贵重物品的常购买家则更多因为卖家旺旺常在线而选择购买。

3. 买家对店铺服务的反馈

就现有店铺服务而言，买家并没有享受到太多的服务，反馈相对集中在以下几方面：

（1）7天无理由退换。此项服务的意义更多体现在一种关于质量的心理障碍上。因为对于小额的商品，退换货所产生的运费已经让买家觉得不值得退换了。

（2）耐心解答。有些卖家会很耐心地解答买家的疑问，并且能主动提醒注意事项，让买家感受到卖家的专业和热忱。

（3）发货提醒。买家对这个服务的反馈不错。卖家会在发货时发信息提醒"货已发出，请注意查收"，让买家知晓发货情况。

（4）信用卡支付。部分被访者反馈，这一项服务并不是特别重要，也没有成为比较店铺时的特别关注点。

（5）售后服务。这是被访者特别担心的服务项目。在售后纠纷得不到解决的情况下，只能通过给差评得到卖家额外的补偿（因为卖家会为了将差评改为好评而给买家额外的补偿或更好的售后服务），但是这个方法毕竟是比较无奈和被动的。

总结：如何留住买家？成交量、文案描述、评价、图片、价格、店铺信誉等级、店铺装修、上新频率这八大因素对买家的收藏、购买行为有决定性影响，但具体的影响程度会因为客户和类目的不同而有所差别。卖家在店铺装修、运营中要更多地关注这八个因素，并非每一项都要做到极致，比如店铺装修，买家希望是条理清晰方便查找商品。卖家可换位思考，从自己的购物体验出发，完善细节，增加宝贝和店铺的收藏率和转化率。

第二节　网店装修后台认识与实践

一、认识网店装修后台

在淘宝网首页注册账户，申请开通网店并通过验证之后，便可进行网店装修。执行"卖家中心"→免费开店→"店铺管理"→"店铺装修"命令，打开店铺装修后台，如图10-1~图10-3所示。

图10-1

淘宝店铺后台装修分为基础版、专业版、智能版，随着互联网技术的发展，淘宝后台装修功能也越来越强大。店铺后台装修页面的左侧有五个功能按钮："模块""配色""页头""页面""CSS"。

（1）"模块"功能：单击"模块"按钮，右侧出现各种基础模块，可根据需要拖动所需模块放到右侧页面相应的位置上，例如将"图片轮播"模块拖动到店铺招牌（以下简称"店招"）和"宝贝推荐"之间，如图10-4所示。

图 10-2　　　　　　　　　　　图 10-3

图 10-4

（2）"配色"功能：单击该按钮，在打开的列表框中，可根据店铺的风格选择整体配色方案，如图10-5所示。

图 10-5

（3）"页头"功能：单击该按钮，可设置页头背景图，图10-6所示的基础版的店铺装修的功能比较简单，图10-7所示的专业版的店铺装修的功能强大得多。

图 10-6

图 10-7

（4）"页面"功能：只有专业版的店铺装修才有页面设置功能，其可设置页面背景色、页面背景图、背景平铺的方式、背景对齐方式等，如图10-8所示。

图 10-8

(5)"CSS"功能:该功能需要订购,未订购是不可用的。

二、网店装修实践

1. 为网店加入设计好的店招

(1)将设计好的店招上传到店铺的图片空间,设计好的店招如图10-9所示,执行"卖家中心"→"店铺管理"→"图片空间"命令,将本地图片上传到图片空间,如图10-10、图10-11所示。

图10-9

图10-10　　　　　　　　　　　　　　图10-11

(2)将鼠标指针定位至淘宝店铺装修后台店招处,出现图10-12所示的"编辑"和"删除"功能,单击"编辑"按钮,弹出图10-13所示的对话框,店招的宽度为950像素,高度为120像素,设计时应按该尺寸进行设计。

图10-12

图 10-13

（3）取消选中"是否显示店铺名称"，将店铺名称隐藏，选中"自定义招牌"按钮，出现图 10-14 所示的对话框，单击"插入图片空间图片"按钮，弹出图 10-15 所示的对话框，需要将图片的地址放进来。

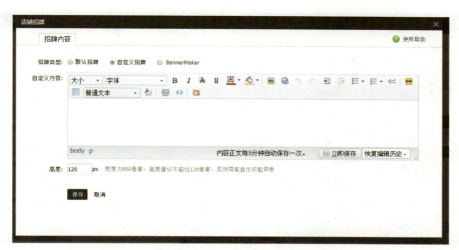

图 10-14

图 10-15

（4）找到上传的店招图片并复制该图片链接，如图10-16所示，将该图片链接放到图10-17所示的对话框中，并单击"确定"按钮保存，完成店招的装修，效果如图10-18所示。

图 10-16

图 10-17

图 10-18

注意：该店招也可以在 Dreamweaver 中直接生成代码，并将代码复制到编辑招牌的代码视图中，如图 10-19 所示。

2. 导航设置

导航可根据店铺自身需要进行分类，并将分类添加到图 10-20 所示的"导航设置"项目中，单击"确定"按钮，效果如图 10-21 所示。

图 10-19

图 10-20

图 10-21

3. 装修图片轮播设置

轮播的图片宽度为 750 像素，高度为 100~600 像素，将"图片轮播"模块拖至相应位置，单击"图片轮播"模块上的"编辑"按钮，在"内容设置"项目中添加图片地址和链接地址，将图片空间的两张轮播图片的地址和相应的链接地址添加进来，如图 10-22~图 10-25 所示，在"显示设置"项目中，将"显示标题"设置为"显示"，将"模块高度"设置为 525 像素，将"切换效果"设置为"上下滚动"，单击"保存"按钮，预览效果如图 10-26 所示。

图 10-22

图 10-23

图 10-24　　　　　　　　　　　　　　　图 10-25

图 10-26

4. 轮播图片的左侧装修

在"模块"菜单中选择类型为"190"的基础模块，拖动"宝贝排行"模块到装修页面左侧，设置后的效果如图 10-27 所示。

其他模块的装修方法类似，设计好图片，将图片上传到图片空间，再到网店装修后台进行编辑。

图 10-27

本章小结

本章对买家浏览路径与消费行为进行了分析,得到结论:成交量、商品描述、评价、图片、价格、店铺信用等级、店铺装修、上新频率等八大因素对买家的收藏、购买行为有决定性影响,并介绍了淘宝店铺装修后台各模块的功能和装修的基本操作。

课后思考

1. 多找几家网店,试分析买家浏览路径和消费行为。
2. 淘宝装修后台各模块的功能有哪些?

课后实训

自选淘宝网店作店铺装修。

CHAPTER ELEVEN

第十一章 网店装修技巧

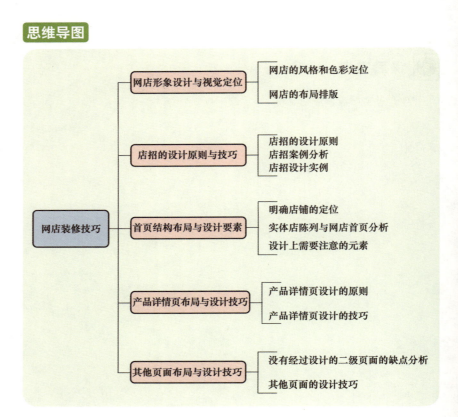

第一节 网店形象设计与视觉定位

现在的网店市场竞争，首先是形象的竞争，对网店进行整体视觉形象的设计已经是现代网店竞争的基本战略。因此，从众多同类产品的店铺中脱颖而出，提升网店的整体形象，做到让顾客很容易回忆起自己的网店非常重要。

一、网店的风格和色彩定位

店铺的档次如何，能否吸引买家，让其停留，对后期的成交很重要。那么，不同的店铺有不同的风格定位，对店铺的整体视觉风格的准确定位必须建立在分析大量数据的基础上。优秀的网店视觉的设计，应该考虑赋予网店深刻的思想与理念内涵，以传达出鲜明、独特、优良的网店形象，达成差异化战略目的。其难点在于如何准确地把形象概念转化为视觉形象，既要有新颖独特的创意，表现网店的个性特征，又要用形象化的艺术语言表达出来。

早在2012年，淘宝就强调"小而美"，其实也就是在向商家暗示细分市场、细分类目、细分风格、细分人群的重要性，在整体视觉设计上也是如此。通常在确定店铺风格时，第一考虑因素是产品风格，如在商家的类目中，目前整个市场有多少种品类、多少种风格，以及商家的优势或者卖点。在确定了产品的整体风格后，要分析各个风格的特色，参考该风格的店铺，总结出该风格的典型特征。在对产品风格作出总结后，应该再对人群进行分析，通过对人群性别、年龄段、客单价等的分析，可以得出这个店铺的整体视觉效果是做给什么人看的，这些人有什么鲜明的特征，从而把握住网店的整体视觉定位。

例如，"三只松鼠"品牌便是形象设计与视觉定位非常成功的案例。"三只松鼠"品牌设计可爱且俏皮，其形象鲜明、鲜活，同时具备生动感和质感，让人想到经典的TOM JERRY。好感和喜感是快速使品牌消除距离感、征服市场与人心的一张好牌。其礼品和分享装时换常新，或独特，或温情，或精致，或大气，满足人群的心理增值效果，如图11-1所示。

图11-1

一个好的店铺，能够让顾客在刚看到它的时候就被吸引。一个好的页面呈现能够提升品牌形象，激发顾客的购买欲；而一个糟糕的页面会让顾客毫不客气地关闭页面，造成顾客流失。从人类的视觉习惯分析，打开一个店铺的首页，人们的视线第一时间都会停留在店招下面的海报图上，而顾客在看到这个图之后的1~2秒钟内就可以决定是继续往下看还是关闭页面离开。此时影响顾客去留的关键因素就是店铺的色彩搭配与整体风格。人类对色彩是非常敏感的，色彩在人类视觉上起90%的引导作用，合理的色彩搭配会让人觉得舒适，进而对店铺品牌和产品产生认同感，杂乱无章的色彩会引起顾客的厌恶情绪，所以色彩是极为重要的因素，一定要注意色彩与产品之间的搭配。

什么样的色彩搭配才是合理的呢？首先，必须根据自己的产品与风格定位一个主色系，例如韩版女装店铺要挑选一些可爱、温馨的颜色，其他的颜色围绕着主色调进行搭配和点缀。主色调包括其类似色、邻近色，占比80%左右，其他搭配色彩占20%，且搭配色一定要跟主色调有一定的搭配联系。如图11-2所示，主色调为红色，采用黑色和白色来搭配，且与产品的logo是一致的。有研究表明，一张图片中如果颜色超过三种以上就会产生杂乱感。很多设计者所犯的一个错误，就是色彩过于丰富，不能凸显主色调，甚至会用很多对比强烈的反差色，顾客面对这样的页面会感到很不适，自然也没有看下去的耐心。

反差色一般情况下用在产品标签上，用来凸显产品的促销信息，以及装饰"新品""爆款"等字样，这个时候用反差色会起到非常好的作用，如图11-3、图11-4所示。但是必须注意的一点是：标签上不要写过多的信息，一般标签上写一种信息即可，最多不要超过两种，若达到三种或以上，顾客可能就不知道重点了，也达不到应有的效果。

另一个关键因素就是产品风格的搭配，比如韩版的女装就不能用欧美的模特，欧美风格女装的店铺就不要装修得很可爱，不然会显得不伦不类。

图片上的文字表现方式也要重视，字体需要与店铺风格搭配，如韩版女装的店铺选用偏可爱型的字体，而欧美风格服饰的店铺则可以挑选偏硬一些的字体。对于字体的颜色也要考虑色彩搭配的问题，事实上可以把文字看成图片的一种，将其当作图片处理。

在对产品的配色、风格、字体有一定分析之后，对店铺整体的色彩和风格便有了一定的认识和把握。

图 11-2

二、网店的布局排版

关于网店首页的架构问题，淘宝的调查报告显示，一个店铺的首页点击率最高的是首页海报下面那个位置，随着页面的滚动，每一屏的点击率平均会下降10%，所以一定要运用好这个"黄金位置"。可以根据店铺情况在这个位置放入不同类型的图片。例如店铺正在作促销，那么可以在这里放上促销广告以及促销产品；或者店铺正在作某些活动，承受着巨大的流量，那么可以在

图 11-3

图 11-4

这个位置放上店铺的产品分类，把流量分流到各个更精准的页面，也可以放上店铺的主推产品，把流量引入主推产品页面从而促成更多该款商品的交易。图 11-5 所示为 Olay 玉兰油的 banner 的各种促销活动。

图 11-5

做好电商的视觉营销，关键得从店铺整体设计和产品详情页下手，充分利用视觉冲击、色彩调和、页面布局等来吸引消费者，完成交易。

1. 明确买家需求

排版一定要主次分明、突出重点。网店的风格和色彩需要统一，不要出现太多颜色，这样太杂乱了，也会引起买家的视觉疲劳。

例如，图 11-6 所示页面主次分明，一眼就可以找到店招、促销区、热销产品、分类导航，且网店的整体色调风格统一，让买家有一种视觉舒适感，愿意继续浏览。图 11-7 所示页面给予买家的体验就差多了，整个网页让人眼花缭乱，根本抓不住重点，感觉好像所有商品都在促销，也不知道哪一个是热门产品，找不到具体的分类导航，甚至连网店主要卖什么商品都无法了解。

图 11-6

2. 产品详情页要突出重点

产品详情页的描述一定要突出重点，吸引眼球，激发买家的兴趣，这就要求做到以下几点：

（1）产品图片一定要清晰，并且要多角度拍摄。

（2）产品规格、性能等的介绍要详尽，但文字不能冗长，应点出消费者想知道的关键点，做到图文结合，如图 11-8 所示。

（3）要突出产品特性，配上好的文案，抓住顾客的眼球，激发买家的兴趣，如图 11-9 所示。

电商视觉是一种无声的语言，通过网店独特的视觉效果来传达产品理念和品牌文化。要用视觉这把锤子，把品牌形象钉入消费者的脑海中，让消费者一看到类似的视觉效果就能想到该品牌。

图 11-7

图 11-8

图 11-9

第二节　店招的设计原则与技巧

一、店招的设计原则

店招要说明"我是谁",表达清楚,让顾客一眼就能看明白,这是店招的首要目的。如果只重视促销信息,而不重视店铺定位表达,就是本末倒置了。

保持清醒的营销头脑的商家会有意识地去挑选和迎合自己的客户。如果说在店铺设计的前期是追逐客户的喜好,寻找顾客心中的那个"谁",那么开店营业之后就是要清楚地告诉客户"我是谁"。顾客也在寻找心目中的"谁",说不清楚自己是"谁",顾客也就记不住"你是谁"。店招的设计原则主要有如下三点。

1. 自我定位

自我定位很重要。在说到视觉设计的时候,往往要先说明这个问题:如果文案很差,视觉设计再优秀也难以弥补这个缺憾。因为没有灵魂,没有要表达的核心,设计再漂亮也不能完美地表达内容。相反,如果知道自己想表达什么,哪怕设计稍微差一点也没有关系,顾客也能了解所表达的意思。因此,清楚自己要表达什么是重中之重。即使卖家的产品跟其他店铺一样,也可以从服务上去突出不同之处。

2. 精确提炼

自我定位完成之后,会发现要说明的太多了,而且要用很多形容词才能说明。如果有这样的感受,那说明如果原封不动地表达,顾客也会有同样的感受。顾客停留在一个屏幕范围内的时间是极其短暂的,一般只有十几秒甚至几秒,如何让顾客在这么短的时间内理解卖家想表达的意思呢?网页设计的第一要素就是 Don't make me think!(不要让顾客思考)。因此就要提炼出精华,进行简短有力的表达。简短、明确、有力量的广告语和 logo,相比冗长、不知所云的文字,效果明显好很多。

3. 准确传达

经过以上两个过程之后,就要把这些经过精确提炼的自我定位通过图片、文字或符号传达给顾客。要注意选择传达的方式:主要想表达哪些内容?重点突出哪些产品?表达方式是不是顾客所能够接受的?顾客理解起来会不会有障碍?店名是必须要放在店招上的内容之一,但光靠店名,顾客是记不住店铺的,更重要的是具体的内容,要帮助顾客去理解一个具象的品牌,这样顾客记住店铺名字就容易得多。

二、店招案例分析

某官方旗舰店的店招如图 11-10 所示,其特点如下:

图 11-10

"欧孕"的 logo 体现出亲子的关系,文字与图片统一。

"宝宝的棉品设计师"是灵魂所在,如果没有这一句广告语,这个店招就毫无记忆点了。

右边滚动的热卖商品，引导顾客点击购买，节约了挑选时间。

"收藏有礼"属于促销信息。

右侧的婴儿图片与左侧的 logo 呼应。

该店招的配色也极简洁，两种颜色形成对比。

相反，图 11-11 所示的店招并没有突出产品的优势和特性，只是把优惠活动展示出来，并且占据了很大的篇幅。把品牌标识放在了左边一块集中的地方，用相对醒目的方式交代了"我是谁"。

显然图 11-11 所示店铺更想卖出商品，完成销售额，图 11-10 所示店铺更想宣传品牌，给顾客好的产品印象。对比这两个店招，哪一个更好？

对于完成销售目标来说，如果店铺里有大量活动，本身就能帮助完成销售额，只需要把活动内容放在相对醒目的位置，让进店的顾客都看到，就可以达到目的。所以在这种情况下，图 11-11 所示店招的效果更好，但同时促销信息所占面积过大，削弱了品牌应有的表现力，在短期内因为价格因素给顾客造成刺激之后会让销售陷入低迷，并且有培养顾客"非低价打折不买"的购买习惯的风险，要慎重使用；同时一个店招上放了多个活动信息，显得太多太满，应该对这些信息再作简化处理。

图 11-11

相对而言，图 11-12 所示的店招更为合理，左边是品牌标识，中间靠左是比较合理的产品的特性、特点，右边靠中间是促销的两款产品，最右边是"收藏本店"图标。该店招简单、清晰、好辨识，并且符合品牌形象。

图 11-12

以上三个例子都是同一个类目的产品，有着类似的产品特性和优势，却因为店招呈现出完全不同的营销感觉。一个有品牌感觉的店铺进行整体营销规划的时候，店招上要放什么内容，文案人员会进行仔细斟酌和规划，这样才能更好地表达出"我是谁"。

三、店招设计实例

本实例是为"美诗妮"鞋官方旗舰店做的一个店招，风格是轻奢欧美风，加上明星款产品是黑色，所以在配色上选用了"黑 白 红"这种比较简洁、高贵的配色，如图 11-13 所示。

图 11-13

制作剖析：

（1）店招（含导航）和外延部分设计尺寸长为 1 920px（像素），高为 150px，淘宝 C 店店招部分宽度不能超过 950px（在中间），天猫商城店招宽度不能超过 990px（在中间），如图 11-14 所示。

图 11-14

（2）在店招左侧输入"美诗妮"，字体为"华文细黑"，60 点，调整好位置；再输入"官方旗舰店"，字体为"微软雅黑"，18 点，调整好位置；用"圆角矩形工具"，半径定义为 18 像素，画红色圆角区，颜色为"#bd1a09"；再从"自定形状工具"中选出爱心桃形状并画出，输入"关注"两字，再输入"轻奢欧美风"，采用隶书，36 点，如图 11-15、图 11-16 所示。

图 11-15

图 11-16

（3）加入明星款鞋子并画出黑色圆形，加上文字，字体为"微软雅黑"，效果如图 11-17 所示。

（4）制作出优惠券和"收藏本店"的图标，如图 11-18 所示。

（5）导航条的制作。用"文字工具"写出"首页"二字，字体为"微软雅黑"，14 点，并用"铅笔工具"画出间隔线，设置"大小"为 1，"硬度"为 100%，选中间隔线对应图层，执行"滤镜"→"模糊"→"动感模糊"命令，将"角度"设置为 90°，单击"确定"按钮，便实现图 11-19 所示的间隔线效果。其他导航条的制作只需复制、粘贴并修改文字即可，最终效果如图 11-20 所示。

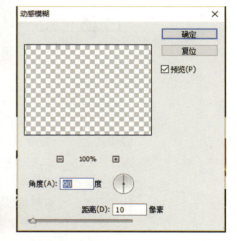

图 11-17　　　图 11-18　　　　　　　　　图 11-19

图 11-20

第三节　首页结构布局与设计要素

初学者往往对淘宝网首页的视觉设计与布局没有清晰的思路，或东拼西凑，盲目地把海报产品展示在首页；或一知半解，没有系统的理论支撑。要想真正地做好淘宝网首页的设计，必须学会对淘宝网首页数据进行统计、分析。

一、明确店铺的定位

明确店铺的定位，也就是清楚"我是谁"。作网店首页设计，必须充分了解店铺的定位，包括产品、价格、消费人群、消费诉求等方面。店铺的定位清晰，设计师才会知道自己的设计效果是"专卖店"风格还是"农贸市场"风格。

二、实体店陈列与网店首页分析

网店所起的作用和实体店是类似的，只是更加平面化一些，将可以全方位体验的店铺变成用眼睛去看的页面。就像逛实体店一样，人们站在店门外看到的，是首页的上半部分，例如门头店招、橱窗形象展示、搭配陈列、店内促销展柜、橱窗分类区，如图11-21所示。人们可以很直观地大致了解这个店铺销售哪些商品，然后再有目的地走进去找到需要的商品。

图 11-21

打开一个店铺首页，就好像进了一家实体店；打开一个分类页，浏览这个分类下的产品，就好像走进一个橱窗分类区；当打开产品详情页时，就好像拿起一件商品仔细看，如图11-22、图11-23所示。所以整个购物过程，和线下实体店中顾客的购物行为并没有完全脱离干系，只是变成在页面上了解商品并下单购买，有一些信息变得更容易得到，更容易比对。所以，在策划和设计首页时，也要尊重顾客的消费行为和消费习惯，尊重和参照实体店的销售经验并将其应用到网络上，这样才能不脱离实际，真正发挥首页的营销作用。

在进行首页设计前，设计者必须了解店内以下几个基本数据：首页的访客及流量、首页到产品页面、首页到分类页面、首页点击率、首页跳失率，如图11-24所示。

要站在顾客的角度，把一些重要的信息如促销、分类导航等放到首页的上部，因为上部的点击量大，首页结构布局的目的是缩短购物路径、正确引导消费者。

页头店招及导航

形象展示区

店铺活动导航

店铺分类导航区

店铺促销展柜

图 11-22

第四篇 网店装修基础

图 11-23

三、设计上需要注意的元素

当买家访问一个网站的时候，首屏的信息展示是非常重要的，它在很大程度上影响了买家是否决定停留，所以重要的信息内容（如促销活动、收藏等）必须在 600 px 高度以内显示。

首屏的内容可包括店铺卖什么东西、活动入口、顾客感兴趣的东西等。主推产品尽量放在前面，占据主要视觉落脚点。

（1）大屏首焦广告主要是吸引非目标客户的点击，从而将其转化成目标客户，要避免因素过多，如图 11-25 所示。

（2）店内的折扣应尽量放在首屏能看到的位置，以方便消费者在第一时间知道店铺的折扣及活动，如图 11-26 所示。

（3）促销区的多种活动同时集成排版，如图 11-27 所示。

（4）设计简单直接的分类导航，如图 11-28 所示。

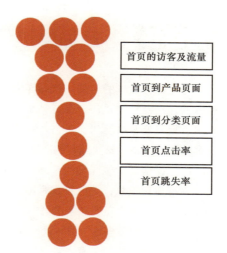

图 11-24

图 11-25

图 11-26

图 11-27

图 11-28

第四节 产品详情页布局与设计技巧

无论是什么样的店铺,产品详情页都需要重点设计,因为顾客在通过搜索商品进入店铺后,先进入的是产品详情页,产品详情页承担着引导下单购买的职责。顾客在购买前,要对产品详情页仔细看、反复看,甚至对比看,才决定是否咨询客服人员、是否最终下单。如果产品详情页不能满足顾客的需求,不能解决顾客的问题,那么前面所有的工作做得再好也没意义。

产品详情页就像详细的产品说明书,顾客可以通过浏览页面了解商品的属性、功能、外观、品质保障等重要信息,这些不仅是顾客下单前必须要了解的信息,也是顾客判断店铺是否有良好服务体验的标准,因此在产品详情页中,信息必须齐备。

在制作"宝贝描述"的时候,许多卖家喜欢走两个极端:要么堆砌照片,将产品页面弄得很长,买家看到的都是重复信息;要么就是展示很少的照片,买家无法看清楚产品的细节。产品页面不是越长越好,也不是越短越好。所有的商品都应根据实际情况来安排产品详情页面的布局模式,但是每个模块的布局要相互关联,只有这样,买家在浏览商品的时候才不会产生思维障碍,才能随着卖家的表述思路被引导到卖家所期望的方向上去。

通用型产品详情页框架部分的顺序如图11-29所示,前三项可根据不同类目的商品量身打造不同的个性化模块和顺序。

图11-30所示是一张产品详情页的说服逻辑,其从"引起注意",到最后"促单成交",每个环节凸显不同的说服方式与方法。

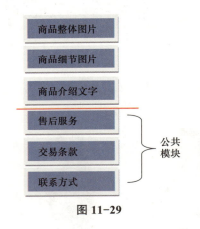

图 11-29

图 11-30

一、产品详情页设计的原则

在设计产品详情页的时候,一定要注意页面设计的基本原则:

基本原则一:信息图像化。文字能被大脑记住的只有20%,而图片能被大脑记住的是100%,所以产品详情页面的描述应尽可能图像化。

基本原则二:高效表达。内容不要过于臃肿,表达要清晰、有条理、简单直接。不要影响页面的打开速度。页面载入时间过长会影响销量。

基本原则三:掌握客户最关心的点。卖家所认为的客户最关心的地方,往往并不是客户最关心的;对于不同的产品,客户需求、关注的地方也不同。

二、产品详情页设计的技巧

1. 吸引顾客，留住顾客

客户的需求包括：产品独特的卖点（与别人的产品不同的地方，即产品优势）、活动价格优惠、不同的服务（购买产品能享受什么服务）、痛点（解决问题、烦恼）等。例如，对于服装类的产品，顾客可能关注的是衣服的款式、模特穿着的效果、衣服的尺码，模特的身材比例以及衣服的大小码对比，这样顾客才能推断自己穿什么尺码、自己穿起来是什么样子。而功能性产品，比如保健品之类，顾客关注的就是产品到底有什么功能。

图11-31营造的氛围是搽上这款防晒霜之后，就像戴上帽子在海边散步般清凉；图11-32用模特或明星图片，营造一种顾客戴上这款眼镜也会这么美丽的感觉。二者的目的都是营造主题氛围，给顾客以代入感，从而吸引顾客，留住顾客。

图11-31　　　　　　　　图11-32

图11-33主要从产品的功效下手，即补水、缓解痘痘、收缩毛孔、快速渗透，这些都是买爽肤水的顾客所需要的，而实际的功能和利益是需要文字和图片结合的，这类产品的文案字数一般都比较多，所以更要注意文案的排版，一定要有规律，要做到有序、有层次、有重点，同时也别忘了运用背景烘托效果。文案和背景的绿色相呼应，让人深刻地感到产品的功能。

图11-34加入了生活主张，用上扫地机，繁忙的家务就没有了，这样的生活主张，对于劳碌的家庭主妇来说还是很有诱惑力的。

图11-35使用了品牌嫁接的手法，九阳豆浆机已经是一个家喻户晓的品牌，其推出新的产品，买家会感觉新产品更好。

图11-33

图 11-34　　　　　　　　　　　　　　　　图 11-35

2. 提升顾客的兴趣，确认顾客的需求

上面讲的只是吸引顾客看下去的方法，顾客看产品详情页面主要还是想买东西，因此必须有顾客想看到的元素。

一定要有产品的参数，并且写清楚，比如将模特的身高、体重，所穿服装的码数配上，以方便顾客比对。

产品的细节一定要尽量展示得详细一点，比如展示包的各种外观角度，然后展示内层、拉链部分，如图 11-36 所示。如果是品牌产品，品牌的 logo 一定要展示清楚，产品的走线一定要展示清楚，这样才能提升产品的整体品质，如图 11-37 所示。

尽可能展示清楚衣服的细节，也可以在旁边加一个全景展示和细节的对比。在排版方面可以不拘一格，这样更具有引导性。

3. 用图片展现产品的设计理念

要展现产品的诱惑力，不要把诱惑因素直接写上去，最好尝试找一个带有诱惑点的图片放在产品图片的旁边，让顾客通过图片感知诱惑。如图 11-38 所示，图中并没有文字，但人们看到这张图片时也能感受到戴上护眼罩的舒服感觉。

图 11-36　　　　　　　　　图 11-37　　　　　　　　　图 11-38

第五节 其他页面布局与设计技巧

在店铺的二级页面中,活动页是需要经常设计、经常更新的。它是所有二级页面中使用频率最高、设计频率最高且最为重要的页面。它的任务是承接各种流量入口进来的流量,将店铺活动展示给顾客,并让顾客从页面上进入具体的产品详情页。

一、没有经过设计的二级页面的缺点分析

一个没有经过设计的活动页面的营销效果是让人非常失望的,图11-39所示是导航栏里人气热卖的二级页面,其主要有以下几个缺点:

(1)商品都是平行排序,没有重点展示,没有推荐目标。

(2)截图只是一部分,下面的产品只是上面产品的简单重复,顾客越往下看越没有兴趣。

(3)几乎没有营销效果。

可以预见的是,如果这家店铺的"人气热卖"活动上钻石展位,付费拉流量入店,用这个页面承接流量,那么这些流量的跳失率会很高,转化率会很低。

二、其他页面的设计技巧

如何让二级页面更有营销效果?其技巧就在于:

(1)合理布局,将重点推荐商品放在重要位置,将不同活动分区放好,给顾客明确的引导。

(2)对于单品来说,应有合理的展示,有吸引顾客点击的广告图。

(3)交代清楚活动内容。

(4)渲染活动氛围。

图11-40所示是一个店铺女装热卖区的展示页,其布局合理,将热卖款单品作不同角度的重点展示,包括热销的数量,其他商品也用大图展示,最后还不忘展示店铺的各种活动,包括"热卖TOP榜""本周新品""清仓专区""连衣裙专区""蕾丝雪纺衫",让找不到合适款式的顾客去其他专区浏览。

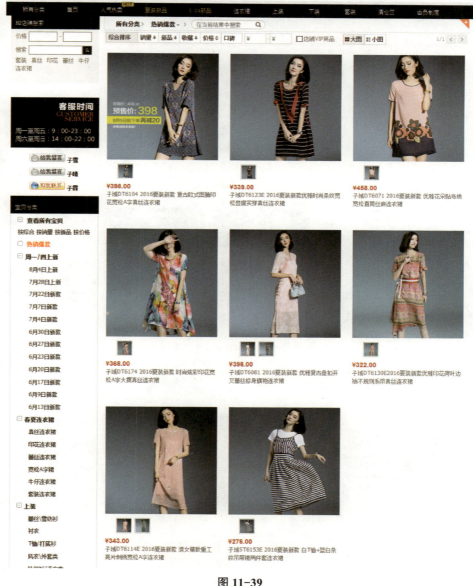

图 11-39

图 11-40

本章小结

如今电子商务行业的竞争越来越激烈，想要赢得一席之地必须费尽心思，从各方面入手，做到极致。对于网店装修，首先应该明确网店装修的重要性和目的，因为店铺的外观好比人的外表，店铺内容好比人的思想，其重要性可见一斑。本章通过对网店形象设计与视觉定位、店招的设计原则与技巧、首页结构布局与设计要素、产品详情页布局与设计技巧、其他页面布局与设计技巧等的分析，帮助读者明确如何进行网店装修。

课后思考

规划设计某店铺的店招、首页结构布局、产品详情页布局和活动页布局。

课后实训

自选淘宝网店进行店招、首页、产品详情页和活动页的设计。

第十二章 引流渠道图片的设计与优化

CHAPTER TWELVE

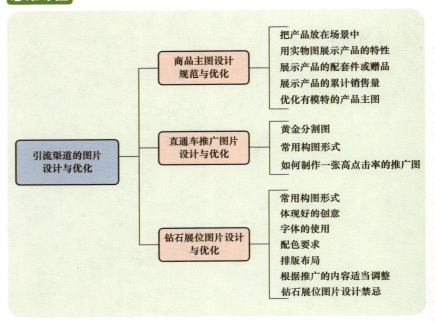

思维导图

第一节 商品主图设计规范与优化

在淘宝网同样的位置下，展现量不变，如果首图点击率从平均的0.25%提升到0.5%，则流量提升2倍，精准度是一样的，销售额就提升2倍；如果首图点击率提升到1%，则销售额提高了4倍。可见淘宝网主图优化技巧起到了很大的作用。有人会说，这样主图不就跟直通车一样了吗？优化主图是不是跟优化直通车图一样呢？它们有区别，也有共同点。

区别：主图关系到品牌形象与品牌定位，并且关系到产品的搜索权重，不能频繁更换；而直通车图可以频繁更换。

共同点：二者的目的都是提高点击率，关键要素是一样的。

正因为主图与直通车图不同，所以设计主图时要遵循两大原则：一是突出主产品，将主产品比例控制在61.8%（黄金比例分割点）；二是文案简洁，直击要点。

淘宝网主图优化技巧主要有以下几点：把产品放在场景中；用实物图展示产品的特性；展示产品的配套件或赠品；展示产品的累计销售量；优化有模特的产品主图，且使用真人模特图，展现正反面、侧面等，展示多个产品的模特图，注意主图产品的颜色选择。

一、把产品放在场景中

如图12-1所示的女包，第一张图是正面、直接的展示，第二张图结合了包的使用场景进行展示。复杂一点的主图就是从源头优化——拍照，要注意综合品牌的定位、店铺的风格及产品的风格；选定模特，设计模特的妆容、表情、动作等；还要选择场景及道具等。

图 12-1

二、用实物图展示产品的特性

如图12-2所示，纯粹的文字说服力是很弱的，通过模特的展现，体现抹上粉底液之后肤色的通透、自然；而空气净化剂加上该背景来展现后，让顾客有更多的想象（分解异味、淡雅清香）。

三、展示产品的配套件或赠品

在商品做活动的时候，"买2盒送1盒""买3送1"这样的字眼还是很有诱惑力的，会带来更高的销售业绩，如图12-3所示。

图 12-2

四、展示产品的累计销售量

展示产品的累计销售量，可表现出商品得到很高的认可度，如图12-4所示，购买者的顾虑会少一些，有些顾客会毫不犹豫地下单。

五、优化有模特的产品主图

如图12-5所示，在有模特的主图上加上衣服配件的颜色种类，包括多角度展现模特所穿的衣服款式，让顾客更加清楚产品的特性。

图 12-3

图 12-4

图 12-5

第二节　直通车推广图片设计与优化

淘宝直通车的竞争十分激烈。以女装类目直通车为例，其推广图的整体点击率长期处于 0.4%～0.6%，相当于平均 1 000 个展现，只有 4～6 个人点击进入店铺。其中，不少卖家可能还达不到这个水平。在这种情况下，卖家往往投入大量的推广费用，却得不到理想的结果。如何设计一张完美的推广主图，让更多的买家点击直通车呢？

一、黄金分割图

图 12-6 是一张黄金分割图，黄金分割具有严格的比例性、艺术性、和谐型，包含丰富的美学价值，应用时一般取 0.618 或 1.618。黄金分割是指根据黄金比例，将一条线分割成两段，总长度 $a+b$ 与长度较长的 a 之比等于 a 与长度较短的 b 之比。黄金分割的奇妙之处在于，其倒数为自身减 1，即 1.618 的倒数为 0.618（=1.618-1），以上是黄金分割在数理上的解释。了解黄金分割图后，正式讨论直通车推广主题的问题。

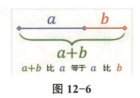

图 12-6

二、常用构图形式

直通车点击率的高低，跟推广图有着重要的关系。在淘宝网上，直通车推广图一般存在四大误区：形状不规范；色彩色调不协调，主产品不突出；背景混乱，充斥大量杂乱的促销词；图片不清晰。既然如此，怎样才能制作一张高点击率的直通车推广图呢？下面介绍几种制作高点击率直通车推广图的技巧。

1. 均衡式构图

图 12-7 所示是均衡式构图，它既可以给人宁静和平稳的感觉，又避免了呆板无生气，是设计师们经常使用的构图方法。要使画面均衡，形成均衡

图 12-7

式构图，关键是要选好均衡点（均衡物）。什么是均衡点呢？这要从艺术角度上去找，只要位置恰当，小的物体可以与大的物体均衡，远的物体也可以与近的物体均衡。

2. 对称式构图

图 12-8 所示为对称式构图，其具有平衡、稳定、相呼应的特点，其缺点是呆板、缺少变化。

3. 变化式构图

图 12-9 所示为变化式构图，又称作留白式构图。它将产品故意安排在某一角或某一边，留出大部分空白画面。画面上的空白是组织画面上各对象相互关系的纽带。空白能帮助作者表达感情色彩，给人以思考和想象的空间，并留下进一步判断的余地，富有韵味和情趣。

4. 对角线构图

如图 12-10 所示，对角线构图就是把主体安排在对角线上，利用画面对角线来整体统一画面元素，同时也使陪体与主体发生直接关系。这种构图的特点是富有动感，显得活泼，容易产生线条的汇聚趋势，吸引人的视线，从而突出主体。

5. 紧凑式构图

紧凑式构图是将主体以特写的形式加以放大，使其以局部布满画面，这种构图具有紧凑、细腻、微观等特点，如图 12-11、图 12-12 所示。

图 12-8

图 12-9

图 12-10

  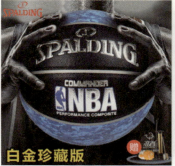 

图 12-11　　　　　　　　　　图 12-12

微课：女装钻展图

三、如何制作一张高点击率的推广图

一张高点击率的推广图，需要表现出产品与主题，吸引顾客的关注，使顾客产生购买欲望。总的来说，高点击率的推广图具有以下特点：

（1）作为一张推广图，商家的主要目的是将产品推广出去，所以在推广图中，一定要包含产品，而且要突出。

（2）让顾客对产品形成直观的基础认知，让顾客精准地知道，这就是他（她）想要的产品，继而产生点击行为。

（3）适当添加品牌信息、产品特点或折扣信息，为产品增添附加价值，增强买家的点击欲望。

（4）画面细节精致，色调和谐。一张色调和谐、画面精致的图片，能为顾客带来美的享受，让顾客对产品形成良好印象。

制作一张高点击率的推广图要遵循以下步骤：

（1）定好文案。

（2）选好图片，按技巧摆放好。

（3）选择背景烘托产品。

（4）调整文字，让其更和谐。

第三节 钻石展位图片设计与优化

钻石展位是淘宝网图片类广告位竞价投放平台，精选淘宝网和整个互联网最优质的展示位置，通过竞价排序，按照展现计费。钻石展位是以定向能力为核心展示广告产品，能够帮助卖家精确锁定潜在客户。从购买广告、精准定位到售后服务、效果监测，钻石展位全程陪同，并提供海量数据分析，智能化地帮助商家提高广告投放效果。钻石展位覆盖全国80%的网上购物人群，每天有超过12亿次展现机会；其目标定向性强，能迅速锁定目标人群，广告投其所好，提高订单转化率。

钻石展位在淘宝网首页、淘宝网各频道、淘宝网站外均设有广告位，共有50余个尺寸。

图 12-13

图12-13、图12-14所示是淘宝网首页的主要广告位。

图 12-14

淘宝钻石展位图片尺寸要求如下：

（1）PC端首焦图片尺寸：520 px×280 px，大小不能超过 80 KB。

（2）手机端首焦图片尺寸：640 px×200 px，大小不能超过 72 KB。

（3）淘宝首页焦点右侧小图尺寸：170 px×200 px，大小不能超过 26 KB。

一、常用构图形式

（1）经典构图。如图 12-15 所示，左边是文案，右边是产品，或左边是产品，右边是文案。

图 12-15

（2）圆形构图。如图 12-16 所示，关键内容集中在中间的圆形区域。

（3）上中下构图。如图 12-17 所示，上下是图，中间是文案。

（4）左中右构图。如图 12-18 所示，左右是图，中间是文案。

图 12-16

图 12-17

图 12-18

二、体现好的创意

一个创意图片要有一个明确的主题,没有明确主题和概念的设计,只是个空壳,不能达成传达信息的使命,如图 12-19、图 12-20 所示。

图 12-19

图 12-20

微课:618 海报

微课:母婴产品

三、字体的使用

在创意图片中,字体的使用不要超过三种,文字和图片相结合,让人动心的折扣优惠等信息是高点击率的关键,产品自身的信息也很重要,如图 12-21 所示。

四、配色要求

在创意图片中,主色调要控制在三种以内,以其中一种色调作为核心,文案、背景可以围绕该主色调来延伸,如图 12-22 所示。

图 12-21

图 12-22

五、排版布局

排版太满则为溢,版面要留下适当的空间,简约而不简单,创意文字加图片内容部分不超过版面的 2/3。

六、根据推广的内容适当调整

1. 推广单品

推广单品的时候要突出单品,文案简洁、有层次,第一层是产品卖点,第二层是促销信息,目的是打造爆款,以卖货为主,如图 12-23、图 12-24 所示。

图 12-23　　　　　　　　　图 12-24

2. 推广店铺或活动

推广店铺或活动要以店铺或活动为主题,文案简洁、有层次,折扣促销信息要有冲击力,配合活动或店铺促销,既提升销量,又提高品牌和店铺的知名度,如图 12-25、图 12-26 所示。

图 12-25　　　　　　　　　图 12-26

3. 推广品牌

推广品牌主要是突出一贯的品牌个性,不断传递品牌信息,文案简洁、有层次,弱化促销信息,推广的目的是追逐长期的品牌效益,长期投放。

七、钻石展位图片设计禁忌

(1)不能出现的词语:"最……""发""领衔""第一"等,如图 12-27、图 12-28 所示。

图 12-27　　　　　　　　　图 12-28

（2）不能虚假倒计时，图片及链接中不得出现倒计时，如图12-29所示。

（3）内容不一致，钻石展位图片页面文案或活动和链接页面不符、不一致。

图 12-29

本章小结

引流渠道图片的设计与优化对电商来说非常重要，本章对商品主图、直通车图片、钻石展位图片设计与优化进行了讲解和分析，帮助读者设计出更好的引流渠道图片来提升店铺的点击率和转换率。

课后思考

1．结合主图设计要点和规范，规划产品主图。

2．结合直通车图片设计方法，规划产品直通车图片。

3．结合钻石展位图片设计规范与优化方法，规划产品的钻石展位图片。

课后实训

1．设计并制作产品主图。

2．设计并制作产品直通车图片。

3．设计并制作产品钻石展位图片。

第五篇
数据化视觉营销及管理

知识目标

1. 了解数据化视觉营销管理的基本知识。
2. 掌握影响店铺视觉营销的各种数据指标。
3. 能够利用营销漏斗模型原理分析视觉营销存在的问题。
4. 能够制作数据化视觉营销及管理方面的各种表格。

案例导入

某店铺是一家以销售水晶饰品为主的淘宝店,通过长期的数据化管理,该店铺产品主图、店铺首页、直通车图片、钻石展位图片、活动图片(聚划算、淘抢购)等的优化具备了很好的数据基础。数据化管理对于该店视觉营销的提升给予了很大的帮助。

一、网店首页数据化营销

通过"生意参谋"的数据统计,分析点击次数、点击率、平均停留时间等数据的波动情况,不断对页面进行优化。在数据的支持和指导下,使页面的营销能力达到最大化,如下图所示。

二、主图设计及主图营销数据

主图作为引流图片，点击率是衡量其好坏的唯一标准。根据系统数据对图片点击率进行统计，然后对图片进行优化，使主图的引流能力达到最大化，如下图所示。

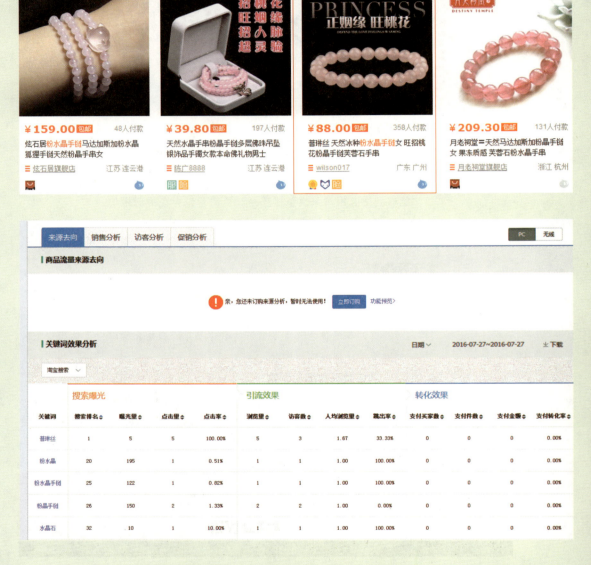

以上店铺的案例说明，视觉营销可以通过数据来进行分析，数据也可以反馈视觉营销的水平。视觉营销数据化管理的意义，以及利用数据对视觉营销进行日常管理的方法是本篇要解决的问题。

第十三章 电商数据化视觉营销简介

CHAPTER THIRTEEN

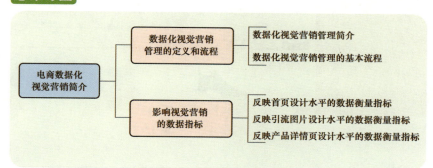

第一节 数据化视觉营销管理的定义和流程

视觉营销是电商运营管理的重要部分,通过数据化管理能对视觉营销进行实时监控,周期性地对视觉营销的相关数据进行跟踪、收集、整理、分析,从而给视觉优化提供相应的数据支持,成为视觉营销优化的决策依据。

一、数据化视觉营销管理简介

1. 视觉营销的重要性

在电商界流行着这样一句话:"电商就是卖图片的"。作为消费者和商家的沟通媒介,图片视觉处理不仅要满足审美的要求,还要捕捉消费者的消费心理,洞悉消费者的需求,在最短的时间内帮助买家作出消费决策。商家非常清楚图片视觉的重要性,但是往往没有更好的方法来满足视觉创意和设计中的消费者需求。以淘宝首页焦点图为例设计一张在6秒钟内打动消费者的钻石展位图片,是视觉营销管理的能力之一,如图13-1所示。

2. 数据化视觉营销管理的定义

关于电商视觉营销,比较难判断的一个问题是:何谓好的视觉营销?对此设计师有设计师的观点,运营人员有运营人员的想法,这就需要一个具备验证功能的系统和方法,于是数据化视觉营销管理的理论应运而生。相比传统的销售渠道,电商的最大优势就是数据收集更为容易,数据获取的渠道也更加多样,采集的数据也更精准。因此,对于数据化视觉营销管理的基本定义可以概括为,利用数据对视觉营销进行管理的行为。图 13-2 所示为某公司运营部门利用数据对其投放在淘宝直通车的图片进行的分析和优化处理。

图 13-1

	图片	标题	投放设备	展现量	点击量	点击率	花费	平均点击花费
第1天		天然冰种粉水晶手链女旺招桃花芙蓉石手串	计算机	0	0	0.00%	0	0
			移动端	692	30	4.34%	62.91	2.1
		天然冰种粉水晶手链女旺招桃花芙蓉石手串	计算机	4	0	0.00%	0	0
			移动端	578	19	3.29%	39.33	2.07

图 13-2

二、数据化视觉营销管理的基本流程

1. 数据收集整理，为视觉营销定位做准备

在电商行业，无论是零售店铺还是大型网站，运营人员在产品上线前必然会通过数据对消费者、市场、产品线、产品线定价等作出分析，以便作出正确决策。现在也有一些企业会通过数据对视觉营销的定位作出分析。当然一些大品牌在从线下转到线上的时候，其本身就有品牌视觉识别系统，只需将自己成熟的视觉识别系统从线下转移到线上来即可。很多企业要在线上生存，必须找到自己的忠实目标群体，而寻找忠实目标群体就需要对市场进行细分，只有将市场和类目细分到极致才能找到这个群体所喜欢的风格，这样在对店铺进行设计的时候就可以提供精准的数据依据。

从图 13-3～图 13-5 可以看出具体某天某个类目购物人群的群体细分，其中包括性别细分、职业细分、年龄细分、城市地域细分,从这些群体的细分中可以看出这个类目的购物群体以18~25岁的年轻男性居多,这部分群体对于视觉的要求有着鲜明的个性,这些数据可以给视觉营销定位很大的支持。

图 13-3

图 13-4

图 13-5

图 13-6

2. 产品上架前的陈列布局

店铺的整体视觉定调以后，对产品的陈列布局也可以利用数据化进行相应的指导。首先可以利用淘宝网"搜索"下拉列表框查看相关的搜索热度，再决定陈列的基本顺序。以连衣裙为例进行搜索，如图 13-6 所示，从款式来看，"中长款"是卖家搜索热度比较高的，在店铺进行陈列布局的时候，这样的产品应该有多个展现窗口，应给予重要展现位置。也可以利用淘宝热卖榜去搜索近期热点上升的词，以了解目前市场的最新动态，从而对店铺整体陈列作出及时调整。

第二节　影响视觉营销的数据指标

一、反映首页设计水平的数据衡量指标

在视觉营销中，首页设计的水平高低可以直接用数据进行衡量，本书将其衡量数据指标归纳为：首页跳失率、首页点击率、首页人均点击次数、首页平均停留时长。这些数据指标的好坏可以客观反映出首页设计的整体水平。

1. 首页跳失率

以淘宝网首页为例，跳失率是指买家通过相应入口进入，只访问了一个页面就离开的访问次数占该入口总访问次数的比例。跳失率在电商网站运营分析中是重要的指标之一，其计算方法为：跳失率 = 只浏览了一个页面的访客 / 全部访客。通俗地讲，访客不管通过什么渠道到达目标页面，到达后没有继续访问其他页面即离开，就是一次跳失。淘宝网对跳失率的定义为："一天内，来访您

微课：商品排名
权重优化

店铺浏览量为一的访客数/店铺总访客数",即访客数中只有一个浏览量的访客数占比,该值越低表示流量的质量越好。多天的跳失率为各天跳失率的日均值。淘宝网首页跳失率的查看方法为:执行"卖家中心"→"数据中心"→"生意参谋"→"经营分析"→"流量分析"→"装修分析"命令,如图 13-7 所示。

图 13-7

在经营分析中可以看到 PC 端首页页面最近 30 天的跳失率波动情况,在跳失率出现异常的时候要进行针对性分析,如图 13-8、图 13-9 所示。例如 7 月 6 日和 7 月 24 日由于做聚划算活动店铺跳失率低于正常值很多,一般来说,跳失率越低证明视觉营销质量越好,但是活动期间的跳失率数据往往会低于平常,所以针对具体的问题要具体分析。当发现店铺的跳失率确实过高时就要注意对店铺的页面视觉进行优化。目前由于无线端的买家比例正常值已经超过 80%,所以店铺对于无线端的数据更应该重视,在店铺的优化策略中要先优化无线端再优化 PC 端。

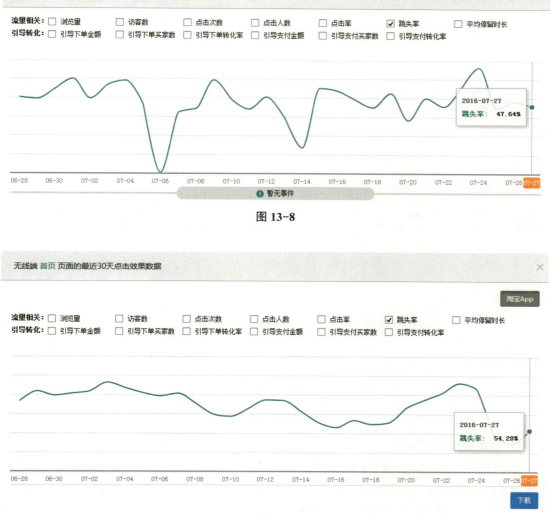

图 13-8

图 13-9

2. 首页点击率

"点击率"来自英文 Click-through Rate（点进率）以及 Clicks Ratio（点击率），是指网站页面上某一内容被点击的次数与被显示次数之比，它是一个百分比，反映了网页上某一内容的受关注程度，经常用来衡量广告的吸引程度。点击率越高，说明首页的质量越高。图 13-10、图 13-11 所示分别为 PC 端和无线端首页页面最近 30 天的点击率。

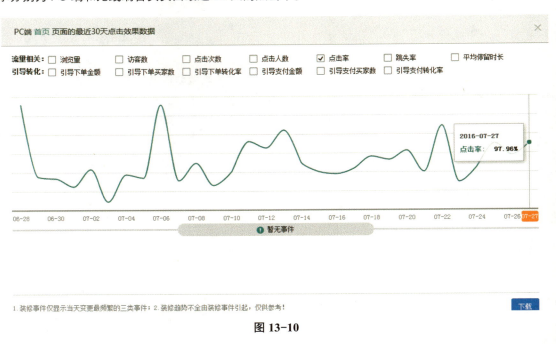

图 13-10

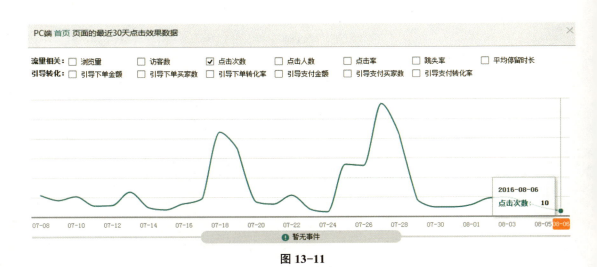

图 13-11

3. 首页人均点击次数

通过首页人均点击次数这个数据可以基本测算出首页的吸引力程度。首页人均点击次数在 1.5 左右属于良好的范畴；若首页人均点击次数低于 1，则为较差状态，需要注意仔细优化首页，如图 13-12 所示（仅供参考，具体视行业情况而定）。

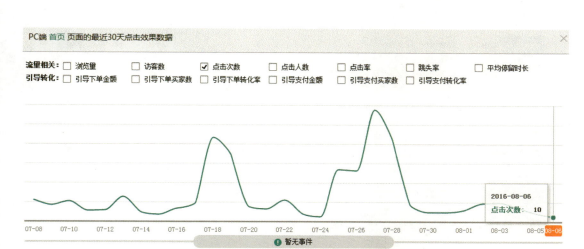

图 13-12

4. 首页平均停留时长

首页平均停留时长是指来访店铺的所有访客总的停留时长/访客数，单位为秒，多天的人均停留时长为各天人均停留时长的日均值。一个布局优秀、整体视觉良好、文案引人入胜的店铺往往能引起目标群体的长时间停留。这样目标群体的体验度将大幅提升，如果能将这一数据提高，说明首页设计是优秀的。如图 13-13 所示，在 8 月 5 日时该店的平均停留时长达到 218 秒，即这个数据相对同行来说是比较良好的数据。

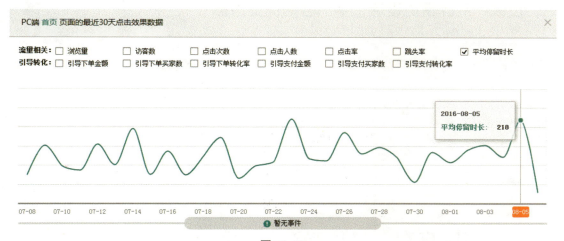

图 13-13

二、反映引流图片设计水平的数据衡量指标

引流图片作为店铺的流量入口，其引流主图的质量也是很多平台考核店铺的指标之一。以淘宝网的赛马机制为例，新的产品上线时先测试产品的点击率，如果点击率够好，淘宝就会给予更多的展现机会。这里的点击率就是引流图片数据考核的唯一指标，这些引流图片包含直通车图、钻石展位图片、产品主图等。由于展现位置数量的关系，PC 端的主图及直通车图的点击率要低于无线端，在进行数据分析的时候需要注意这一点。图 13-14 所示为某些引流图片的引流效果和转化效果的数据分析。

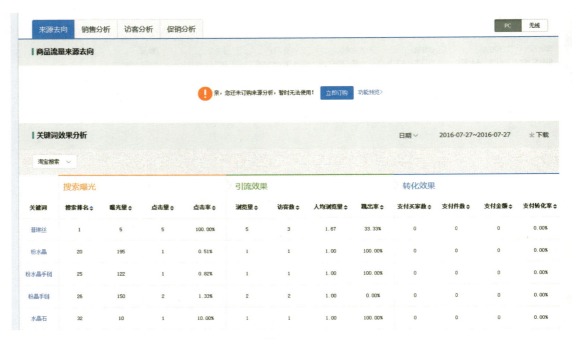

图 13-14

三、反映产品详情页设计水平的数据衡量指标

微课：数据化选品运营实操之关键词核心数据选品

作为促成销售的关键设计，产品详情页设计对于成交的影响至关重要，而衡量产品详情页设计是否优秀的数据标准有产品详情页的跳失率、产品详情页的平均停留时长、静默下单转化率。

1. 产品详情页跳出率

同首页跳出率的计算方式一致，产品详情页跳失率统计单位时间内，访客在产品详情页中没有发生点击行为的人数/访客数，即 1 表示点击产品详情页人数/产品详情页访客数。这个值也是越低越好。如图 13-15 所示，某店铺 7 月 8 日—8 月 6 日的产品详情页跳出率为 64.82%。

图 13-15

2. 产品详情页平均停留时长

产品详情页平均停留时长是指产品详情页每次被浏览的平均时长,单位为秒,多个产品详情页的平均停留时长 = 总时长 / 有浏览的产品详情页数。如图 13-15 所示,某店铺 7 月 8 日—8 月 6 日的产品详情页平均停留时长为 33 秒。

3. 静默下单转化率

静默下单转化率是指没有和客服沟通,自助购物下单的客户的占总成交客户的比重。这个数值可以体现出店铺所作的设计是否合格。当静默下单转化率高时,毋庸置疑,卖家做了一个优秀的电商作品。

本章小结

本章对数据化视觉营销管理进行了深度解析,并通过案例详细地呈现了数据化视觉营销管理的魅力所在。通过本章的学习,读者可掌握用于考核视觉营销水平的数据指标。这些数据指标是衡量视觉营销水平的晴雨表,能为电商优化视觉营销提供可靠的数据支持和依据,真正帮助电商提升视觉营销能力。

课后思考

1. 在"生意参谋"中找到影响首页设计水平的数据衡量指标。
2. 分别在"直通车后台""生意参谋""钻石展位后台"抓取直通车图、主图、钻石展位图片的点击数据。
3. 在"生意参谋"中获取产品详情页设计水平的数据衡量指标。

课后实训

自选店铺进行一次影响视觉营销数据指标的收集,将这些数据制作成表格进行分析。

第十四章 数据化视觉营销管理方法

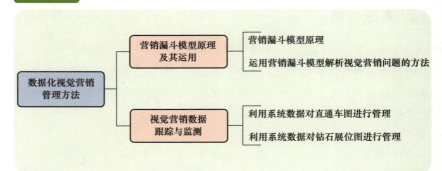

第一节 营销漏斗模型原理及其运用

一、营销漏斗模型原理

营销漏斗模型将店铺在搜索营销中的各个环节以漏斗形状排列，如图14-1所示，漏斗的五层对应店铺在搜索营销中的展现、点击、咨询直到生成订单过程中的所有影响环节。从最大的展现量到最小的订单量，这个一层层缩小的过程表示不断有客户因为各种原因离开，对店铺失去兴趣或放弃购买。营销漏斗模型指的是在营销过程中，将非买家（也叫潜在客户）逐步变为买家（也叫客户）的转化量化模型。营销漏斗的关键要素包括：营销的环节、相邻环节的转化率。

营销漏斗模型的价值在于其量化了营销过程各个环节的效率，帮助商家找到薄弱环节。在店铺的视觉诊断中，漏斗模型是最为常用的方式，通过层层剖析，逐步过滤弱点，发现问题症结之所在，快速找到视觉"病因"。

图14-1

二、运用营销漏斗模型解析视觉营销问题的方法

在营销漏斗模型的五大数据指标中，能反馈视觉营销问题所在的主要是点击率、询单率和转化率这3个指标，展现量和订单不在此研究。

从营销漏斗模型可以清晰地看出，整个数据链中量最大的是展现量，在正常的经营过程中，如果展现量已经得到很好的提升，但是订单量却没有变化，就可以利用营销漏斗模型进行解析并找出问题所在。如果展现量提升了，订单量却没有得到提升，则应该去分析点击率，而同点击率相关的视觉图片主要是引流图片。以淘宝网为例，引流图片主要有主图、直通车图、钻石展位图。如果在进行原因分析的过程中发现引流图片需要进行优化，就需要及时对图片进行调整，如果点击率没有问题，就需要对下一层进行分析。点击率的下一层是询单率，询单率的影响因素中产品详情页的制作是比较重要的，如果询单率过低，说明产品详情页有一定的问题，需要找出产品详情页的问题并进行相应优化。

第二节　视觉营销数据跟踪与监测

数据化视觉营销管理应该是常态的，需要长期对数据进行监测与跟踪，以便对视觉营销方面出现的问题作出及时的处理。特别是引流图片，例如直通车图、主图、钻石展位图、活动图、产品详情页图等图片质量的好坏对于店铺的销售有着直接的影响。

一、利用系统数据对直通车图进行管理

视觉营销的各项数据可以按照日、周、月来进行监测并形成完整的数据统计。以淘宝直通车为例，淘宝直通车对于主图的点击数据有非常完整的统计，只需要每天对数据进行检查，对有异常的数据作出记录，即可形成自己的管理表格。图14-2所示为直通车图过去14天的相关数据，可以实时对这些数据进行查看。

微课：线上市场分析工具介绍以淘宝为例

状态	创意	创意尺寸	投放设备	展现量	点击量	点击率	花费	收藏宝贝数	收藏店铺数	间接成交金额	平均点击花费	直接成交金额	间接购物车数	直接购物车数	投入产出比
推广中	天然冰种粉水晶手链女旺招桃花芙蓉石手串 176.00元	800x800	计算机&移动	4,850	216	4.45%	¥466.67	13	2	¥0.00	¥2.16	¥720.00	9	6	1.54
推广中	天然冰种粉水晶手链女旺招桃花芙蓉石手串 176.00元	800x800	计算机&移动	4,745	177	3.73%	¥372.31	13	3	¥369.73	¥2.10	¥112.00	8	12	1.29
(合计)				9,595	393	4.10%	¥838.98	26	5	¥369.73	¥2.13	¥832.00	17	18	1.43

图14-2

为了更好地管理数据，可以根据自己的需求制作表格，如图14-3～图14-5所示。

第1天	图片	标题	投放设备	展现量	点击量	点击率
	 (图)	天然冰种粉水晶手链女旺招桃花芙蓉石手串	计算机	0	0	0.00%
			移动端	692	30	4.34%
	 (图)	天然冰种粉水晶手链女旺招桃花芙蓉石手串	计算机	4	0	0.00%
			移动端	578	19	3.29%

图 14-3

第2天	图片	标题	投放设备	展现量	点击量	点击率	花费
	 (图)	天然冰种粉水晶手链女旺招桃花芙蓉石手串	计算机	2	0	0.00%	0
			移动端	675	42	6.22%	82.32
	 (图)	天然冰种粉水晶手链女旺招桃花芙蓉石手串	计算机	1	0	0.00%	0
			移动端	731	30	4.10%	58.08

图 14-4

第3天	图片	标题	投放设备	展现量	点击量	点击率
	 (图)	天然冰种粉水晶手链女旺招桃花芙蓉石手串	计算机	0	0	0.00%
			移动端	816	59	7.23%
	 (图)	天然冰种粉水晶手链女旺招桃花芙蓉石手串	计算机	4	0	0.00%
			移动端	651	26	3.99%

图 14-5

二、利用系统数据对钻石展位图进行管理

钻石展位是淘宝网广告投放的主要手段之一，提升钻石展位图片的质量有助于降低企业的运营成本。钻石展位图片的管理与直通车图片一样，也由后台提供强大的数据，常规化的数据检视是数据化管理工作中的重要任务。图 14-6 所示是钻石展位图片，由于钻石展位不同于直通车，钻石展位的精准性与直通车相比是比较差的，所以钻石展位图片的质量关系到投放的成本和投入产出比，对于钻石展位的数据管理更要重视，如图 14-7 所示。

图 14-6

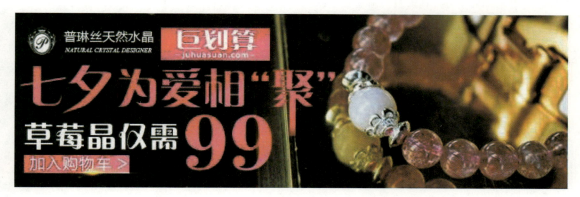

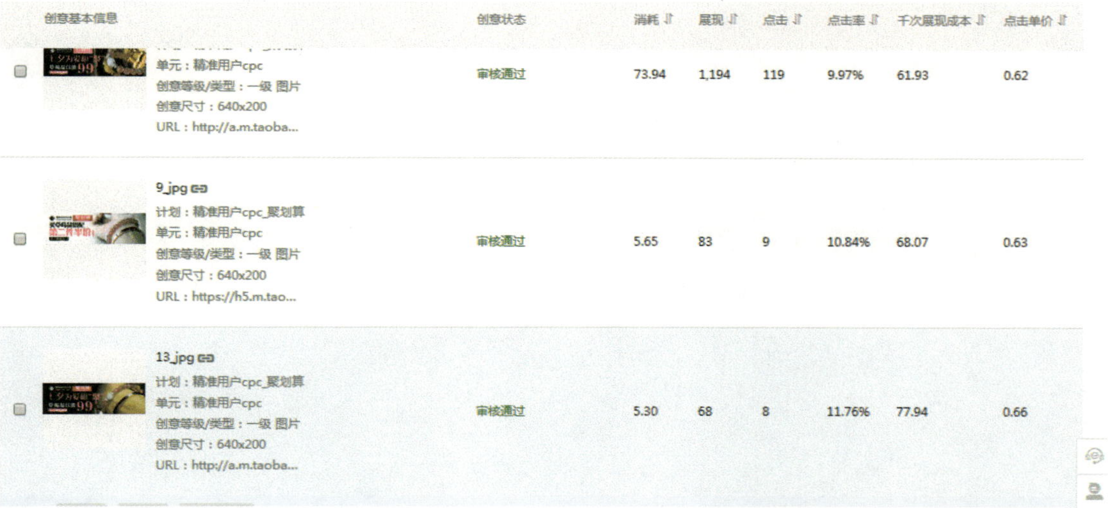

创意基本信息	创意状态	消耗	展现	点击	点击率	千次展现成本	点击单价
单元：精准用户cpc 创意等级/类型：一级 图片 创意尺寸：640x200 URL：http://a.m.taoba...	审核通过	73.94	1,194	119	9.97%	61.93	0.62
9_jpg 计划：精准用户cpc_聚划算 单元：精准用户cpc 创意等级/类型：一级 图片 创意尺寸：640x200 URL：https://h5.m.tao...	审核通过	5.65	83	9	10.84%	68.07	0.63
13_jpg 计划：精准用户cpc_聚划算 单元：精准用户cpc 创意等级/类型：一级 图片 创意尺寸：640x200 URL：http://a.m.taoba...	审核通过	5.30	68	8	11.76%	77.94	0.66

图 14-7

本章小结

本章讲述了营销漏斗模型原理，让读者掌握如何利用该原理对视觉营销的各个环节进行层层剖析，直到找到真正原因，解决问题。本章在讲解利用系统数据对各个视觉营销相关的项目进行监控的方法时，列举了直通车图数据的跟踪监测方法，并以实战案例分析呈现数据化监测对图片筛选的帮助。通过本章的学习，读者应全面掌握数据化视觉营销管理的方法，将这些技能运用于实战中，对提升店铺视觉营销的帮助是很大的。

课后思考

1. 根据营销漏斗模型原理诊断店铺视觉营销问题。
2. 对影响视觉营销的数据指标进行跟踪与监测，并形成相应的数据表格。

课后实训

自选店铺，利用营销漏斗模型原理诊断店铺视觉营销问题，并给出视觉优化解决方案。

参考文献

[1] 王珊．市场网店旺铺视觉营销设计表现[M]．北京：电子工业出版社，2015．
[2] 创锐设计．淘宝网店运营实用教程（美工篇）[M]．北京：中国工信出版集团，人民邮电出版社，2016．
[3] 陈高雅．网店视觉营销与美工设计从入门到精通[M]．北京：机械工业出版社，2015．